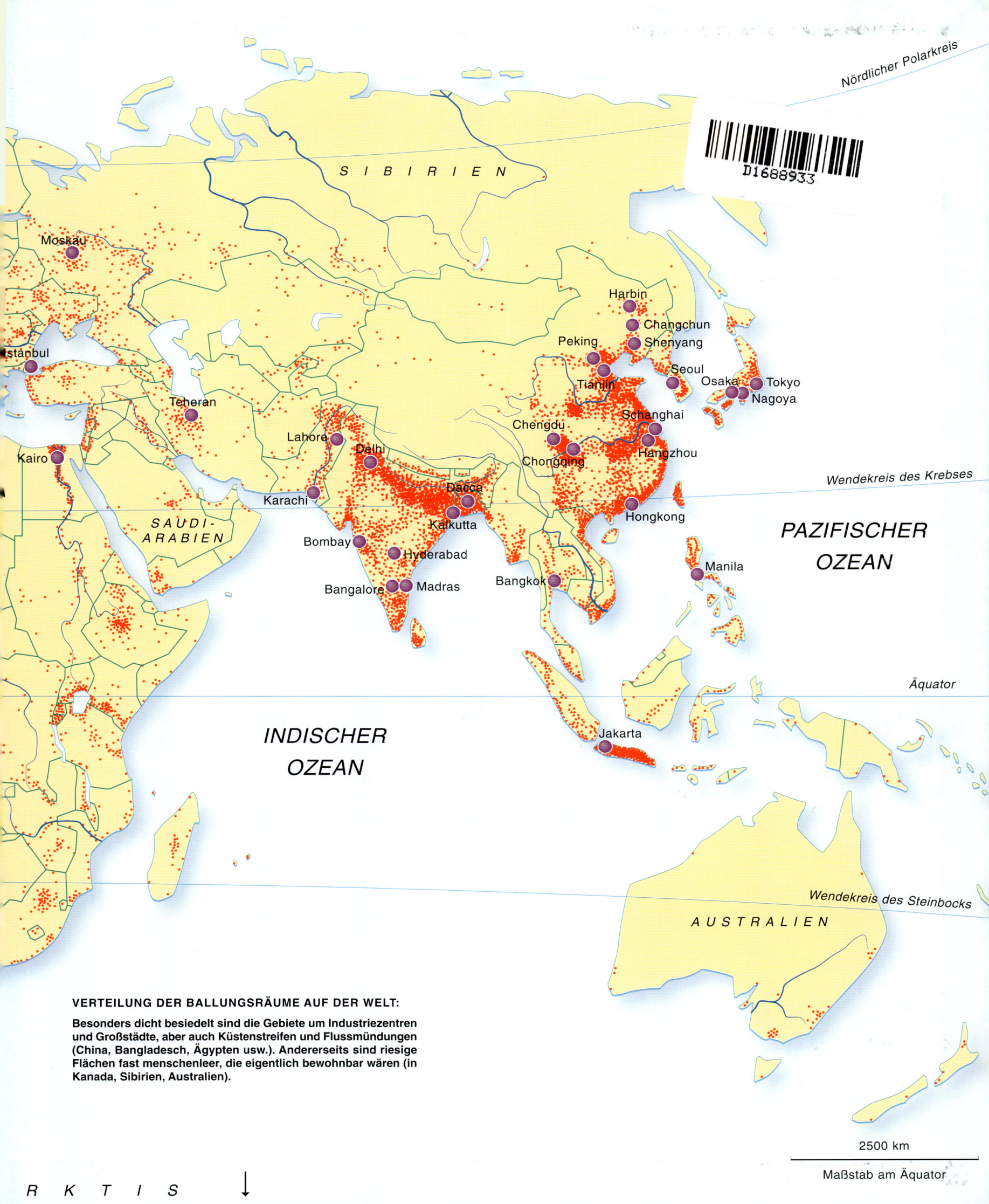

Titel der Originalausgabe: *L'Avenir de la Terre. Le développement durable raconté aux enfants*
Erschienen bei Éditions De La Martinière Jeunesse, Paris, 2003
Copyright © 2003 Éditions De La Martinière Jeunesse

Bibliografische Information Der Deutschen Bibliothek
Die Deutsche Bibliothek verzeichnet diese Publikation in der Deutschen Nationalbibliografie;
detaillierte bibliografische Daten sind im Internet über http://dnb.ddb.de abrufbar.

Deutsche Erstausgabe
Copyright © 2004 von dem Knesebeck GmbH & Co. Verlags KG, München
Ein Unternehmen der La Martinière Groupe

Umschlagabbildungen:
(vorn) Überschwemmung in Bangladesch, Asien
(hinten) Gletscher Perito Moreno, Argentinien

Layout: Benoît Nacci
Lithografie: Quadrilaser
Satz: satz & repro Grieb, München
Printed in Belgium

ISBN 3-89660-222-5

Alle Rechte vorbehalten

www.knesebeck-verlag.de

YANN ARTHUS-BERTRAND

Die Zukunft unserer Erde

Die dauerhafte Entwicklung der Erde
für Kinder erzählt

Aus dem Französischen von
Hannelore Leck-Frommknecht und Veronika Straaß

Text:
Philippe J. Dubois und Valérie Guidoux

Illustrationen:
Sylvia Bataille

KNESEBECK

Inhaltsverzeichnis

Die Zukunft unserer Erde 8

Artenvielfalt und Lebensräume

Leben ist Artenvielfalt 56
Für und Wider des Lebens im Schwarm 26
Korallenriffe in Gefahr 12
Empfindliche Verbindung von Land und Meer 58
Küsten in Bedrängnis 72
Ungebremster Kahlschlag 44
Zerstörerische Invasionen 16

Klimaveränderung

Wenn das Klima verrückt spielt 48
Jedes Jahr die Sintflut 14
Land unter 50
Das Eis schmilzt immer schneller 28
Schmelzende Eisschollen 64
Unaufhaltsam breitet sich die Wüste aus 20

Wie Menschen leben

Slums, so weit das Auge reicht 52
Wasser kommt aus der Leitung, oder? 46
Gesundheit: Privileg der Reichen? 66

Zusammenleben 34

Kriegswunden 38

Wenn man seine Sachen
packen muss 18

Respekt vor der Zukunft lernen 60

Ackerbau und Handel

Der Aralsee zieht sich zurück 54

Reiche Kultur, arme Natur 10

Achtung, Überfall! 30

Nahrung für alle 42

Schlechte Zeiten für die Fische 36

Böden zerfallen zu Staub 40

Vom Land leben 68

Gerechter Handel 22

Umweltverschmutzung

Die Welt erstickt im Verkehr 70

Die großen Städte schnappen nach Luft 24

Überquellende Müllhalden 62

Atomenergie: leistungsstark, aber gefährlich 32

Erneuerbare Energien 74

Nachwort

Die Zukunft beginnt jetzt 76

Die Zukunft der Erde

Als junger Mensch kann man sich kaum vorstellen, wie anders die Welt früher einmal ausgesehen hat. Mit zehn oder zwölf Jahren hat man noch nicht viele Veränderungen miterlebt. Aber frag mal deinen Großvater, deine Großmutter oder deine Urgroßeltern. Sie erinnern sich bestimmt noch gut daran, dass es in ihrer Kindheit ein Abenteuer war, mit dem Flugzeug zu fliegen; damals waren nur wenige Autos auf den Straßen unterwegs; noch niemand hatte seinen Fuß auf den Mond gesetzt; und Ariane, die Rakete, die Satelliten ins Weltall befördert, war nichts als Science-Fiction!

Wissenschaft und Technik haben sich in nur einem Jahrhundert mit unglaublicher Geschwindigkeit weiterentwickelt. Bei diesem atemberaubenden Tempo haben sich die Menschen gar nicht klargemacht, wie sich die Veränderungen im Verkehr, in der Kommunikation, der Industrie und der Landwirtschaft auf unseren Planeten auswirken könnten.

Allmählich hat sich gezeigt, dass der Treibstoff zwar Flugzeuge fliegen und Autos fahren lässt. Aber er verschmutzt auch die Atmosphäre – die Luft- und Gashülle der Erde; und durch die intensive Nutzung der Wälder erhält man zwar den Rohstoff für Bücher und Zeitungen, aber man verdrängt auch viele Pflanzen und Tiere, die im Wald zu Hause sind, aus ihrem Lebensraum.

Man könnte noch viele ähnliche Beispiele aufzählen. Das natürliche Gleichgewicht ist durcheinander geraten, und wir wissen jetzt auch, dass der Mensch das Klima der Erde verändert. Das geht uns alle etwas an: die Bauern auf Madagaskar, deren Böden verarmen; die Einwohner von Tokio, die schlechte Luft atmen; die Fischer, deren Fang immer spärlicher ausfällt; die Urlauber, die sich darüber beklagen, dass im Winter kein Schnee mehr fällt …

Die Menschen überall auf der Welt sind zu der Einsicht gekommen, dass es so nicht weitergeht. Das Konzept von der »nachhaltigen Entwicklung« war geboren. Hinter diesem etwas sperrigen Begriff verbirgt sich die Vorstellung, dass es ein Gleichgewicht geben muss zwischen den Bedürfnissen des modernen Lebens und dem, was unser Planet noch verkraften kann. Ganz schön schwierig, nicht wahr?

Natürlich ist es auch Aufgabe der Politiker, sich über die Zukunft unserer Erde Gedanken zu machen. Deshalb treffen sich die Regierungschefs nun regelmäßig, um diese Probleme zu diskutieren. Allmählich – aber viel zu langsam – werden Schritte unternommen, um die Fehler zu korrigieren und die Zukunft zu planen. Zum Beispiel arbeitet man daran, dass weniger Treibhausgase wie Kohlendioxid entstehen, die zur Klimaveränderung beitragen. Aber leider gab es bisher mehr Worte als Taten.

Jeder von uns muss mithelfen. Es ist höchste Zeit!

Mit intelligenten Aktionen vor Ort machen Bürger auf Probleme aufmerksam und haben hier und da schon einiges verändert. Auch wenn es noch eine Menge zu tun gibt: Jeder Beitrag zählt. Müll sortieren, weniger Auto fahren, die Natur schützen oder beim Einkaufen mitdenken.

Nachhaltige Entwicklung heißt auch, dass uns bewusst wird, wie ungleich die Reichtümer unserer Erde verteilt sind. Nicht überall bekommen die Menschen das, was lebensnotwendig und für uns so selbstverständlich ist: genug Essen, um satt zu werden, gutes Trinkwasser, um den Durst zu stillen, Schulbildung oder medizinische Versorgung.

Zwanzig Prozent der Erdenbürger verbrauchen achtzig Prozent der Schätze unserer Erde. Du, mit diesem Buch in der Hand, gehörst bestimmt zu diesen zwanzig Prozent. Und was ist mit den anderen? Es ist höchste Zeit, auch an sie zu denken, damit wir alle eine Zukunft haben.

Hervé de La Martinière

Der Treibhauseffekt

Der Treibhauseffekt ist ein natürliches Phänomen. Die Atmosphäre – also die Luft- und Gashülle, die den Planeten umgibt – lässt einen Teil der Sonnenstrahlen durchdringen: Die Hälfte wird vom Erdboden aufgenommen (1) und die andere von den Wolken zurückgestrahlt oder von der Atmosphäre geschluckt (2). Die Erde wiederum gibt Wärme in Form von Infrarotstrahlung ab: Etwas davon wird ins Weltall abgestrahlt (3), und der Rest wird von der Atmosphäre zurückgehalten (4), und zwar hauptsächlich von den Gasen, die hier natürlich vorkommen, zum Beispiel Wasserdampf und Kohlendioxid. Diese Gase sorgen dafür, dass die eingefangene Wärme wieder zur Erde zurückkehrt; das funktioniert so ähnlich wie in den kleinen Treibhäusern in unseren Gärten. Nur so ist es überhaupt zu einer lebensfreundlichen Temperatur auf unserem Planeten gekommen. Die Aktivitäten der Menschen, allen voran in der Industrie und im Verkehr, lassen mehr und mehr Treibhausgase (Kohlendioxid, Methan- und Lachgas) entstehen. Sie bilden eine immer dichter werdende Schicht, die mehr Wärme als je zuvor zurückhält. Das Ergebnis ist eine weltweite Erwärmung. In den nächsten hundert Jahren wird die Temperatur um 1,4° bis 5,8°C ansteigen, und das bedeutet, dass sich das Klima auf unserem Planeten verändern wird.

FRANKREICH, EUROPA

Reiche Kultur, arme Natur

Weizen und Wein beherrschen die Landschaft in der Region Cognac im Südwesten Frankreichs. Der einsame Baum ist vielleicht der letzte Überrest einer Hecke, die hier einmal gewachsen ist.

Seit 1950 wurden durch die Methoden der intensiven Landwirtschaft fast vierzig Prozent der Ackerflächen unseres Planeten ausgelaugt und schwer geschädigt.

In manchen Gegenden Westeuropas ist die Landschaft ziemlich eintönig; Weizenfelder wechseln sich ab mit Maisfeldern, Raps und Rüben. Im Frühling ergibt das noch ein recht farbenfrohes Bild, aber dann ist es mit dem Charme auch schon vorbei.

Diese Art Landschaft sieht man vor allem in den reichen Staaten, die intensive Landwirtschaft betreiben: Auf großen Flächen werden Feldfrüchte angebaut, die dank Spitzentechnologie, riesigen Maschinen, Schädlingsbekämpfungsmitteln und Kunstdünger wenig Arbeitseinsatz fordern und reiche Erträge bringen. Zweifellos werden auf diese Weise gute Ernten eingefahren, aber die Umwelt muss teuer dafür bezahlen: Treibhausgase wie Kohlendioxid und Methan werden freigesetzt (das sind Gase, die für den Klimawechsel auf der Erde mitverantwortlich sind). Die im Dünger enthaltenen Nitrate, eine Art von Salzen, und die Pestizide (Schädlingsbekämpfungsmittel) dringen in die Böden ein und verderben unser Grundwasser. Die Pestizide vergiften aber auch die Insekten – zum Beispiel Bienen und Schmetterlinge – und schließlich die Vögel, deren Nahrung sie sind. Als wäre das nicht alles schlimm genug, haben manche Feldfrüchte wie Mais auch noch einen riesengroßen Bedarf an Wasser.

Um die Menschheit in Zukunft ernähren zu können, müssen die Felder so bebaut werden – und das ist möglich! –, dass die Umwelt weniger verschmutzt wird und unsere Erde und ihre Schätze besser geschützt sind: das kostbare Wasser, die auslaugenden Böden und die aussterbenden Tiere.

Abschied von den Hecken

Seit vierzig Jahren stehen bei den Landwirten große Felder, die leichter zu bestellen sind, hoch im Kurs; kleine Grundstücke werden zusammengefasst, und die Hecken zwischen ihnen werden entfernt. Zwischen 1960 und 1994 sind allein in Frankreich 500 000 Hektar Hecken verschwunden, das ist eine Fläche doppelt so groß wie das Saarland. Dabei sind Wildhecken und Böschungen wertvolle Rückzugsgebiete für die Tier- und Pflanzenwelt, die ohne solche Zufluchtsorte an Bestand und Arten verliert. Das Abholzen der Hecken hat sogar die Elemente beeinflusst: Der Wind, dem sich nichts mehr entgegenstellt, lässt das Wasser schneller verdunsten und damit die Äcker rascher austrocknen; das Regenwasser fließt einfach an der Oberfläche ab, statt im Boden zu versickern.

AUSTRALIEN, OZEANIEN

Korallenriffe in Gefahr

So weit das Auge reicht: das Große Barriere Riff von Queensland, Australien, das jedes Taucherherz höher schlagen lässt. Aber Wissenschaftler sind in großer Sorge: Die Korallen werden mit der Umweltverschmutzung und dem Temperaturanstieg nicht fertig; sie siechen dahin, und oft erholen sie sich von den Schädigungen nicht mehr.

Weltweit ist mehr als die Hälfte der Korallenriffe bedroht.

Korallenriffe sind kunstvolle Unterwasserbauwerke, die über einen langen Zeitraum hinweg durch die »Zusammenarbeit« von Algen und Polypen (das sind winzige Tiere) entstanden sind. Schon von oben gesehen ist so ein Riff ein herrlicher Anblick, und unter Wasser zeigen sich die Korallen, Fische, Seeanemonen, Schwämme, Quallen, Krebse und viele andere Bewohner der seichten tropischen Meeresgebiete in einer verwirrenden Farbenpracht. Wo sonst gibt es eine so überwältigende Artenvielfalt der Tier- und Pflanzenwelt?

Das mehr als 2000 Kilometer lange australische Barriere Riff ist die Heimat Tausender von Arten. Für viele Touristen gehört es zu den ganz großen Erlebnissen, mitten in dieses brodelnde Leben hineinzutauchen. Aber vielleicht nicht mehr lange. Korallenriffe zählen nämlich zu den am stärksten bedrohten Lebensräumen der Welt. Stellenweise zerstören Giftstoffe im Wasser die empfindlichen Korallen; an anderen Orten leiden sie unter dem Ansturm der Touristen. Aber am schlimmsten wirken sich die steigenden Temperaturen aus: Wird das Wasser zu warm, sterben die Algen ab, die eine Lebensgemeinschaft mit den Korallen bilden. Ohne Alge geht auch die Koralle ein. Sie wird weiß; man nennt das Korallenbleiche. Glücklicherweise lässt sich das manchmal rückgängig machen: Wenn die Temperatur wieder sinkt, wenn das Wasser wieder sauberer wird, kehren bisweilen auch die schönen Farben der Korallen zurück.

BANGLADESCH, ASIEN

Jedes Jahr die Sintflut

Überflutete Häuser in der Nähe von Dacca. In Bangladesch, das zu den Ländern mit der größten Bevölkerungsdichte zählt, haben sich die Menschen damit abgefunden. Aber je häufiger und heftiger die Naturkatastrophen auftreten, desto gefährlicher werden sie für die Menschen.

> Von den 1980er bis zu den 1990er Jahren ist die Zahl der Menschen, die von Naturkatastrophen betroffen waren, um fünfzig Prozent angestiegen.

Es ist kaum anzunehmen, dass sich der Mann und das kleine Mädchen auf dem Foto mitten im schlammigen Wasser wohl fühlen. Hier in Bangladesch gehören zum Monsun immer Überschwemmungen. Der Monsun ist ein jahreszeitlich auftretender Wind, der Wasserdampf mit sich bringt. Er lässt monatelang sintflutartige Regenfälle niedergehen. Die Flüsse werden außerdem vom Wasser aus dem Himalaya gespeist und tragen so das Ihre zum Hochwasser bei.

Die Bewohner arrangieren sich mit der Sintflut: Das Bild zeigt, wie sie sich mit langen, waagrecht über das Wasser geführten Bambusstangen behelfen, um wenigstens den Kopf oben zu behalten! Das Problem ist, dass die Überflutungen immer dramatischer werden. Und wieder einmal spielen die Klimaveränderungen eine große Rolle. Sie sorgen offenbar dafür, dass die Luftströmungen in der Atmosphäre gründlich gestört werden, und das führt zu Unwettern und stärkeren Regenfällen.

Aber zumindest teilweise ist es möglich, die Auswirkungen der Überschwemmungen abzumildern. Man kann beispielsweise Dämme errichten oder ein wirksames Alarmsystem aufbauen. In Dacca, der Hauptstadt von Bangladesch, wurden seit 2001 dank dieser Maßnahmen mehrere Hundert Menschenleben gerettet.

In den 1990er Jahren forderte der Monsun viel mehr Opfer. Und was hat ein Regierungsbeamter des Landes so treffend gesagt? »Ein Dollar in die Vorsorge investiert, spart vier Dollar Rettungskosten.«

Alarmierende Zahlen

Weltweit kommt es immer häufiger zu katastrophalen Überschwemmungen:
In den 1950er Jahren waren es sechs, in den 1960ern sechs, in den 1970ern acht, in den 1980er Jahren bereits 18 und im letzten Jahrzehnt 26!
Von 1971 bis 1995 waren mehr als 1,5 Milliarden Menschen überall auf der Welt von Überschwemmungen betroffen.
Fast 318 000 sind ertrunken, und mehr als 81 Millionen wurden obdachlos.
Weil es in den weniger entwickelten Ländern an Hilfsmaßnahmen und Krankenhäusern mangelt, sind dort immer wesentlich mehr Opfer zu beklagen als in den reichen Staaten.

Frankreich, Europa
Zerstörerische Invasionen

Das Sargassogras, eine große Algenart, ist in den Golf von Morbihan eingeschleppt worden. Es wird aufmerksam beobachtet, denn wenn es überhand nimmt, können andere Algen und Meerestiere Schaden nehmen. Zum Glück scheint sein Vormarsch hier zu Ende zu sein.

Jahr für Jahr verursachen eingeschleppte fremde Arten Schäden in Milliardenhöhe.

Die Blüten der Wasserhyazinthen im Gartenteich sind ein wunderschöner Anblick. Wenn sich dieselbe Pflanze aber auf Flüssen und Kanälen derart vermehrt, dass Schiffe nur noch mit Mühe vorwärtskommen und das Leben im Wasser erstickt, ist es zu viel des Guten!

Seit der Mensch sich aufgemacht hat, die Welt zu bereisen, finden sich Passagiere der oft unliebsamen Sorte in seinem Gepäck. Die Ratte zum Beispiel ist ihm überallhin gefolgt. Auf einigen Inseln im Pazifik hat sie fast die gesamte heimische Tierwelt ausgerottet. Dutzende Tier- und Pflanzenarten sind in ferne Welten verschleppt worden und haben dort die natürliche Umwelt durcheinander gebracht.

Oft hat sich der Eindringling auf Kosten der heimischen Arten ausgebreitet, die offenbar den neuen Konkurrenten nicht gewachsen sind. So verdrängt der Amerikanische Nerz, der auf Pelztierfarmen nach Europa geholt worden ist, nach und nach den Europäischen Nerz oder Sumpfotter. Und die Florida-Schmuckschildkröte, die nun in europäischen Gewässern herumschwimmt, gefährdet hier Verwandte wie die Sumpfschildkröte.

Regierungsstellen machen sich heute große Sorgen wegen dieser Eindringlinge und versuchen, die Schaden stiftenden Arten wieder loszuwerden. Die »Reparaturkosten« sind hoch, aber manchmal gelingt es, den ursprünglichen natürlichen Zustand wieder herzustellen.

Die Bisamratte gehört zu den Arten, die wegen ihres Pelzes eingeführt worden sind. Sie hat sich in den Flüssen, Sümpfen und Teichen Europas stark vermehrt und treibt ihre Gänge in Uferböschungen und Dämme, die deshalb gefährlich brüchig werden.

Albanien, Europa
Wenn man seine Sachen packen muss…

Der Kosovo-Konflikt im Jahre 1999 hat viele Albaner, die in dieser serbischen Provinz heimisch waren, in die Flucht getrieben. In Albanien fanden 400 000 Menschen Unterkunft in Zeltlagern wie diesem hier.

Es gibt etwa fünfzig Millionen Flüchtlinge auf der Welt.

Wenn ein Land von Krieg verwüstet oder von Katastrophen heimgesucht wird, wenn Menschen keine Arbeit finden, kurz, wenn der Alltag unerträglich wird, ergreifen Männer, Frauen und Kinder die Flucht um zu überleben: Weltweit gibt es an die fünfzig Millionen Flüchtlinge – das entspricht fast der Hälfte der Menschen, die in Deutschland, Österreich und der Schweiz leben.

Vor rund hundert Jahren sind viele Iren vor einer Hungersnot geflohen und in die Vereinigten Staaten von Amerika ausgewandert; Vietnamesen und Kambodschaner haben in den 1970er Jahren wegen des Krieges ihr Land verlassen. Manchmal muss man sehr lange als Flüchtling leben: Viele Palästinenser, die nach der Gründung des Staates Israel im Jahre 1948 aus ihrer Heimat vertrieben wurden, wohnen bereits seit mehreren Generationen in Lagern. Überall sind Menschen auf der Flucht, und ein Ende ist nicht abzusehen. Es wird aber heute immer schwieriger, in einem fremden Land Aufnahme zu finden. Die reichen Staaten brauchen die Flüchtlinge nicht, und sie gewähren ihnen nur zögernd und widerwillig Einlass.

Immer wird es Ereignisse geben, die Menschen zwingen, Haus und Hof zu verlassen. In diesem Jahrhundert wird sicher noch eine neue Kategorie dazukommen: »Klima-Flüchtlinge«, die beispielsweise von Überschwemmungen vertrieben werden. Sollte man sie um jeden Preis dazu bewegen, nach Hause zurückzukehren, oder sollte man ihnen eher helfen, in der Fremde neu anzufangen? Die Antwort auf diese Frage bleibt offen. Viele Kinder und Enkel von Flüchtlingen tragen heute zum Reichtum unserer Länder bei. Andererseits werden der Mut und die Energie dieser Menschen in den Staaten gebraucht, die sie verlassen mussten.

Mali, Afrika

Unaufhaltsam breitet sich die Wüste aus

Die vielen Brunnen von Araouane, einem Dorf in Mali etwa 300 Kilometer nördlich von Timbuktu, waren früher ein Anziehungspunkt für Karawanen und Nomaden. Jetzt hat alles der Sand verschlungen.

Ein bis zwei Milliarden Menschen sind heute von der Ausbreitung der Wüste betroffen.

Das kleine Dorf Araouane im Norden von Mali hat dem Vormarsch der Wüste nicht trotzen können.

In vielen Teilen der Welt dehnen sich die Wüsten aus, vor allem in trockenen Gebieten wie Südspanien. Ein Drittel der fruchtbaren Böden Europas ist bedroht. Der Klimawandel trägt seinen Teil dazu bei, aber auch andere Faktoren spielen bei der Wüstenbildung eine Rolle. Da ist zunächst einmal die Entwaldung: Ohne Bäume wird der Sand nicht aufgehalten, und der Wind kann ungehindert über den Boden fegen und die fruchtbarsten oberen Schichten abtragen. Außerdem lässt die intensive Landwirtschaft die Böden verarmen. Sie leiden unter den chemischen Düngemitteln und der Umweltverschmutzung. Und zu allem Übel müssen viele Ackerflächen der Bauwut des Menschen weichen.

In China wandert die Wüste jedes Jahr 1,8 Kilometer weiter auf Peking zu. Wertvolles Ackerland muss ihr Platz machen. Die Bauern sind dann meistens gezwungen, ihre Felder aufzugeben und sich anderswo niederzulassen; allzu oft bleiben ihnen nur noch die Elendsviertel der Städte.

Doch manchmal ist die Wüstenbildung nur eine vorübergehende Erscheinung, denn Trockenheit hängt mit den Rhythmen des Klimas zusammen: Eine gute Regenzeit in der Sahel-Zone, und die Ernte wird gut. Die Menschen könnten eine Menge gegen die Ausdehnung der Wüsten tun, wenn sie aufhören würden, die Wälder abzuholzen, wenn sie Wasser sparende Methoden in Viehzucht und Landwirtschaft anwenden würden und untereinander solidarischer wären.

Langsam aber sicher versinkt dieser Weinstock im Sand. In einigen Jahren wird hier nichts mehr wachsen.

ELFENBEINKÜSTE, AFRIKA
Gerechter Handel

Die Ananasse von der Elfenbeinküste sind zum Verkauf in Europa bestimmt. Dort müssen die Früchte mit den Ananassen aus Südamerika konkurrieren. Die Pflücker können den gnadenlosen Konkurrenzkampf um den niedrigsten Preis nicht beeinflussen... aber sie sind davon abhängig.

Während der Erntezeit in Kenia sind dreißig Prozent der Kaffeepflücker Kinder.

Im Jahre 1860 schrieb der Holländer Multatuli ein Buch über den Kaffeehandel. Die Hauptfigur namens Max Havelaar erhebt sich darin gegen Ungerechtigkeiten: Den Bauern in Indonesien wurde für ihre Ware ein so niedriger Preis bezahlt, dass ihnen kaum genug zum Überleben blieb – und all das nur, um den Kaffee in Europa möglichst billig verkaufen zu können. Seit 1992 tragen die Kaffeepäckchen, die im Rahmen des Fairen Handels verkauft werden, besondere Etiketten. Auch Orangensaft und Bananen sind gekennzeichnet, in der Schweiz zum Beispiel mit dem Max-Havelaar-Gütesiegel. Weißt du, worum es dabei geht?

Auf dem internationalen Markt wollen Einkäufer der großen Lebensmittelkonzerne so wenig wie möglich für Rohstoffe (Kakao, Kaffee, Ananasse, Zucker und vieles andere) bezahlen. Der Kunde im Supermarkt macht es genauso. Das ist verständlich, zumal er nichts vom Elend der Menschen weiß, die das, was er kauft, angebaut haben. Der Faire Handel will etwas dagegen unternehmen: Bestimmte Organisationen kaufen den Kaffee oder andere Erzeugnisse zu einem etwas höheren Preis ein, so dass der Bauer mit seiner Arbeit mehr verdient, sich Gesundheitsversorgung und Schulen leisten und Verständnis für den Umweltschutz entwickeln kann. Wenn der Kunde in den reichen Ländern Produkte aus Fairem Handel erwirbt, beteiligt er sich an einer Aktion der Solidarität. Sie verbessert den Lebensstandard von Millionen kleiner Bauern und Handwerker auf der ganzen Welt.

In den Niederlanden und in Deutschland werden pro Jahr bereits mehr als 3000 Tonnen Kaffee aus Fairem Handel gekauft.

FRANKREICH, EUROPA

Die großen Städte schnappen nach Luft

Im Großraum Paris leben heute fast elf Millionen Einwohner. Drei Millionen hinein- und wieder herausrollende Fahrzeuge muss die Stadt – die im Grunde gar nicht für Autos angelegt worden ist – täglich ertragen! Der blaue Himmel über dem Eiffelturm ist von einer gelblichen Schicht verschleiert: Luftverschmutzung.

Die Luftverschmutzung, die vom Verkehr ausgeht, wird in den nächsten zehn Jahren womöglich noch um 25 Prozent zunehmen.

Im Jahre 2020 wird ein Drittel der Menschheit in Städten mit über einer Million Einwohnern leben – und sicherlich verpestete Luft atmen. In Paris sind die Kraftfahrzeuge für achtzig Prozent der Luftverschmutzung verantwortlich; während der Hauptverkehrszeiten ist es besonders schlimm. An heißen Sommertagen, wenn kein Windhauch für Luftaustausch sorgt, verschärft sich die Situation noch. Luft verschmutzende Gase – der Smog – liegen dann wie eine Glocke über der Stadt. Weil die Klimaveränderung für noch mehr heiße Tage sorgt, werden wir immer öfter solche Zeiten erleben, in denen Smog herrscht. Erkrankungen der Atemwege und der Herzkranzgefäße werden die Folge sein. Aber nicht der Verkehr allein verschmutzt die Luft; auch die Fabriken und Heizkraftwerke am Stadtrand tragen ihren Teil dazu bei.

In manchen Großstädten wie Berlin, New York und Stockholm befinden sich große Parks, die wie »grüne Lungen« funktionieren und die Auswirkungen der Luftverschmutzung abschwächen. Für Paris trifft das aber nicht zu, auch nicht für Tokio, wo man manchmal Fußgängern mit Mundschutz begegnet.

Städte sind Orte der Begegnung, aber was wird aus ihnen, wenn sie den Menschen die Luft zum Atmen nehmen? Die Städte könnten bewohnbar bleiben, wenn jeder, für den es machbar ist, vom Auto auf den öffentlichen Verkehr umsteigen würde. Transportmittel wie Bus, Straßenbahn oder Fahrrad müssten viel stärker gefördert werden.

Island, Europa
Für und Wider des Lebens im Schwarm

Jedes Jahr im Frühling kehren Tausende von Basstölpeln zum Brüten auf die Insel Eldey vor Island zurück. Auf derselben Insel ist 1844 der letzte Riesenalk der Erde getötet worden.

Eines von vier Säugetieren ist bedroht, außerdem sind zwölf Prozent aller Vögel, ein Drittel der Fische und wahrscheinlich über die Hälfte der Blütenpflanzen und Insekten betroffen.

Die Basstölpel haben sich zum Brüten auf diesem kleinen isländischen Eiland eingefunden. Sie bilden nun eine Kolonie aus Zehntausenden von Vögeln, eine der größten der Welt.

Das Leben in Schwärmen oder Herden hat eine Menge Vorteile. Weil viele Augen mehr sehen, stehen die Chancen besser, gute Futterplätze zu finden; außerdem ist ein Vogel in der Kolonie vor Räubern geschützter: Sollte plötzlich ein Falke auftauchen, kann er gegen die Angriffe Tausender von Basstölpeln nichts ausrichten! Aber auch die steil abfallenden Felswände sind eine gute Barriere gegen Feinde. Da solche vorteilhaften Plätze selten sind, drängen sich dort die Vögel in Massen (bei den Seeottern oder Seelöwen ist es ähnlich).

Aber das Leben im Pulk hat auch seine Nachteile: Im Falle einer Katastrophe (Umweltverschmutzung, Nahrungsmangel) sind mit einem Schlag viele tausend Vögel betroffen, die zur selben Zeit am selben Ort dasselbe Ziel verfolgen: zu brüten. Auch ansteigende Wassertemperaturen oder die Überfischung des Meeres können sich dramatisch auswirken: Die Fischbestände können drastisch sinken. Genau das ist 1992 im Nordatlantik passiert, als Hering und Lodde fast völlig verschwunden waren und der Fischfang für einige Zeit verboten werden musste. Die Fischer haben es überlebt … aber die Vogelkolonien haben arg gelitten. Auch die Meeresverschmutzung wirkt sich verheerend auf Tierarten aus, die in großen Schwärmen leben.

Über den Inselrand hinausschauen

All die kleinen Naturparadiese brauchen Schutz, damit die dort lebenden Pflanzen und Tiere eine Überlebenschance haben.
Damit allein ist es aber nicht getan. Die Umgebung dieser Kleinode muss auf höherer Ebene bewahrt werden: Meere, Wälder, Berge… Es ist gut, wenn Reservate und Naturparks geschaffen werden, aber darüber hinaus ist es höchste Zeit, endlich Schluss zu machen mit der hemmungslosen Ausbeutung der angrenzenden Lebensräume.

Argentinien, Südamerika
Das Eis schmilzt immer schneller

Der Gletscher Perito Moreno endet im Lago Argentino in Patagonien im Süden Argentiniens. Die südamerikanischen Gletscher schmelzen seit den 1990er Jahren immer schneller.

Jahr für Jahr verschwinden weltweit schätzungsweise 37 000 Quadratkilometer Eis, eine Fläche fast so groß wie die Schweiz.

Ein See setzt dem langsamen Vorwärtsschub dieses großartigen Gletschers in Patagonien ein Ende. Wird es ihn in zwanzig oder fünfzig Jahren überhaupt noch geben? Wissenschaftler suchen eine Antwort auf diese Frage, denn die Gletscher der Welt schmelzen wie Schnee in der Sonne.

Rückzug und Wachstum der Gletscher folgen natürlichen Rhythmen, aber seit einigen Jahrzehnten zeigt sich, dass die Fläche vieler Gletscher beunruhigend schnell schrumpft. Bestimmte vom Menschen freigesetzte Gase treiben die Temperatur auf unserem Planeten in die Höhe. Das trägt zu der Klimaveränderung bei, die sich heute bemerkbar macht, und lässt die Gletscher immer schneller schmelzen. Einige, wie die des Kilimandscharo in Tansania, haben bereits über achtzig Prozent ihrer Fläche verloren. Auch in Alaska sind die meisten Gletscher geschrumpft.

Das Schmelzwasser fließt in die Ozeane und ist zu etwa zwanzig Prozent für die Anhebung des Meeresspiegels verantwortlich. Schmelzende Gletscher – zum Beispiel im Himalaya – erhöhen die Hochwassergefahr in den Ländern der gesamten Region: Die Seen an ihrem Fuß sind immer häufiger randvoll und drohen, über die Ufer zu treten und ihren Wasserüberschuss in die dicht besiedelten Gebiete zu schwemmen.

Madagaskar, Afrika
Achtung, Überfall!

Heuschrecken-Invasion in der Nähe von Ranohira auf Madagaskar. Insektenplagen hat es zwar schon immer gegeben, aber es ist höchste Zeit, dass wir lernen, sie mit umweltschonenden Methoden unter Kontrolle zu bringen.

In den Gärten werden noch mehr Pestizide eingesetzt als auf den Feldern.

Ein kilometerlanger Schwarm aus Milliarden von Heuschrecken macht sich über die Pflanzendecke her. Er hat bald alles ratzeputz verschlungen, samt der Feldfrüchte. Seit Menschengedenken leidet der afrikanische Kontinent regelmäßig unter Heuschreckenplagen.

Mit Insektiziden will man der Plagegeister Herr werden, aber sie vernichten nicht nur die Heuschrecken. Die Produkte (wie das heute in vielen Ländern verbotene DDT) töten auch die übrigen Tiere, vor allem solche, die von Insekten leben. Die Giftstoffe werden nämlich nicht abgebaut, sondern reichern sich in der Umwelt und im Körper der Tiere an.

Deshalb versucht man, neue Methoden zu entwickeln und mit den Waffen der Natur selbst zu kämpfen. Zum Beispiel versprühen Flugzeuge mikroskopisch kleine Pilze, die in die Körper der Heuschrecken eindringen, sich dort vermehren und die Insekten schließlich töten. Gegen einige Schmetterlinge, die über junge Baumwoll- und Maispflanzen herfallen, geht man ganz ähnlich vor: Die Sprühwolken enthalten bestimmte Bakterien, die für die Schmetterlinge tödlich sind. Diese Art Insektenbekämpfung hat sicher mehr Zukunft als die herkömmliche mit Pestiziden. Massiver Pestizideinsatz verschmutzt nämlich nicht nur die Umwelt, sondern ist eines Tages unwirksam, wenn die Schädlinge gegen das Gift unempfindlich geworden sind.

Ukraine, Europa
Atomenergie: leistungsstark, aber gefährlich

Bis zum April 1986 zählte Pripiat 50 000 Einwohner. Nach der Explosion des Atomkraftwerks von Tschernobyl mussten alle Menschen die Stadt verlassen. Die Natur ringsum trug schwerste Schäden davon: Bäume starben ab, Menschen und Tiere kommen mit Missbildungen auf die Welt.

Im Jahr 2002 produzierten 441 Atomreaktoren in 31 Ländern hoch radioaktive Abfälle mit langer Zerfallszeit. Die atomaren Zwischenlager füllen sich immer mehr.

Die Explosion des Reaktors Nr. 2 im Atomkraftwerk von Tschernobyl in der Ukraine am 26. April 1986 hat eine furchtbare Katastrophe ausgelöst. Eine radioaktive Wolke zog über weite Teile Europas.

Die Verschmutzung durch Radioaktivität ist unsichtbar. Sie bringt die Zellstruktur allen Lebens durcheinander, von der Mikrobe (das sind meist einzellige Lebewesen) bis zum Menschen. Radioaktive Strahlung kann deshalb schwere Krankheiten verursachen, allen voran Krebs. Diese können noch Jahre oder sogar Jahrzehnte nach der Bestrahlung ausbrechen. Mehrere Millionen Menschen dürften von den Folgen der Explosion von Tschernobyl betroffen sein. In erster Linie sind das die Bewohner der Region.

29 Prozent des Stroms in Deutschland kamen 2002 aus Atomkraftwerken. Die Atomindustrie nutzt das Metall Uran, um Strom zu erzeugen. Anders als Erdöl und Kohle trägt diese Art Energie zwar nicht zum Treibhauseffekt bei, ist dafür aber sehr viel schwieriger zu handhaben. Außerdem bleibt der Atommüll über Jahrhunderte, wenn nicht Jahrtausende radioaktiv. Wie und wo soll er gelagert werden, ohne die kommenden Generationen zu gefährden? Das ist nur eines der vielen Probleme, die mit der leistungsstarken, aber höchst gefährlichen Atomenergie verbunden sind. Zur Zeit entledigt man sich des Atommülls tief in der Erde oder auf dem Meeresboden, dick verpackt in Särgen aus Beton. Ist das eine dauerhafte Lösung?

Mali, Afrika
Zusammenleben

In diesem Dorf bei Bandiagara im Land der Dogon in Mali sind die Behausungen zu Familieneinheiten zusammengefasst. Auf den Terrassen wird die Ernte zum Trocknen ausgelegt, und jede Einheit hat ihren eigenen Hirsespeicher.

Solidarität – Zusammenhalt – hat viele Gesichter. Sie zeigt sich auch in Hunderttausenden von Gemeinschaften auf der ganzen Welt, die in ihrem Wohnviertel, in der Stadt oder weltweit aktiv werden.

Unter diesen Dächern ist die Kultur der Dogon, eine der ältesten in Afrika, noch immer lebendig. Hier ist, wie in vielen anderen Weltgegenden, dank der traditionellen Lebensweise eine bemerkenswerte Solidarität unter den Dorfbewohnern und innerhalb der Familien erhalten geblieben: Begriffe wie »arm« oder »Waise« ergeben kaum einen Sinn.

Das Gleichgewicht, das zwischen Mensch und Natur besteht, drückt sich auch im Landschaftsbild aus: die Häuser sind aus Lehm gebaut, die Felder liegen ums Dorf herum. Sicher, es ist nicht das Paradies, und manche Traditionen – besonders solche, die Frauen betreffen – kommen uns indiskutabel vor; aber mit ihren Regeln und Gepflogenheiten (wie zum Beispiel dem Ältestenrat, der Entscheidungen über die Zukunft trifft) überdauern diese Gemeinschaften die Zeit.

Doch das Gleichgewicht ist zerbrechlich und kann leicht zerstört werden, wie das Schicksal anderer Gemeinschaften zeigt: Es drohen schlechte Erntejahre, die Abwanderung der Jugend in die Städte oder politische Wirren, die den einen gegen den anderen aufhetzen. Aber manchen traditionellen Gemeinschaften gelingt es dennoch zu überleben, ohne dabei das zu verlieren, was sie untereinander und mit der Natur verbindet. Vielleicht schaffen sie es in Zukunft, nur das Beste aus dem Angebot des Fortschritts für ihre eigene Entwicklung zu übernehmen (zum Beispiel die nützlichsten Errungenschaften in der Gesundheitsvorsorge und Bildung) und es ihrem Lebensstil und ihrer Umwelt anzupassen.

Ökotourismus – ein Modell für nachhaltige Entwicklung?

Abgelegene Gebiete, die von der industriellen Entwicklung und den Betonburgen des Tourismus verschont geblieben sind, gelten in Europa als wahre Schätze. Die Bürger lieben Naturparks, autofreie Inseln, unberührte Strände...
Ein Tourismus, der die Umwelt ebenso respektiert wie die Kultur der Bevölkerung, könnte den Menschen in den Entwicklungsländern ein Einkommen bieten. Sie könnten ihre traditionelle Lebensweise erhalten und gleichzeitig der Armut entrinnen.

Tunesien, Nordafrika

Schlechte Zeiten für die Fische

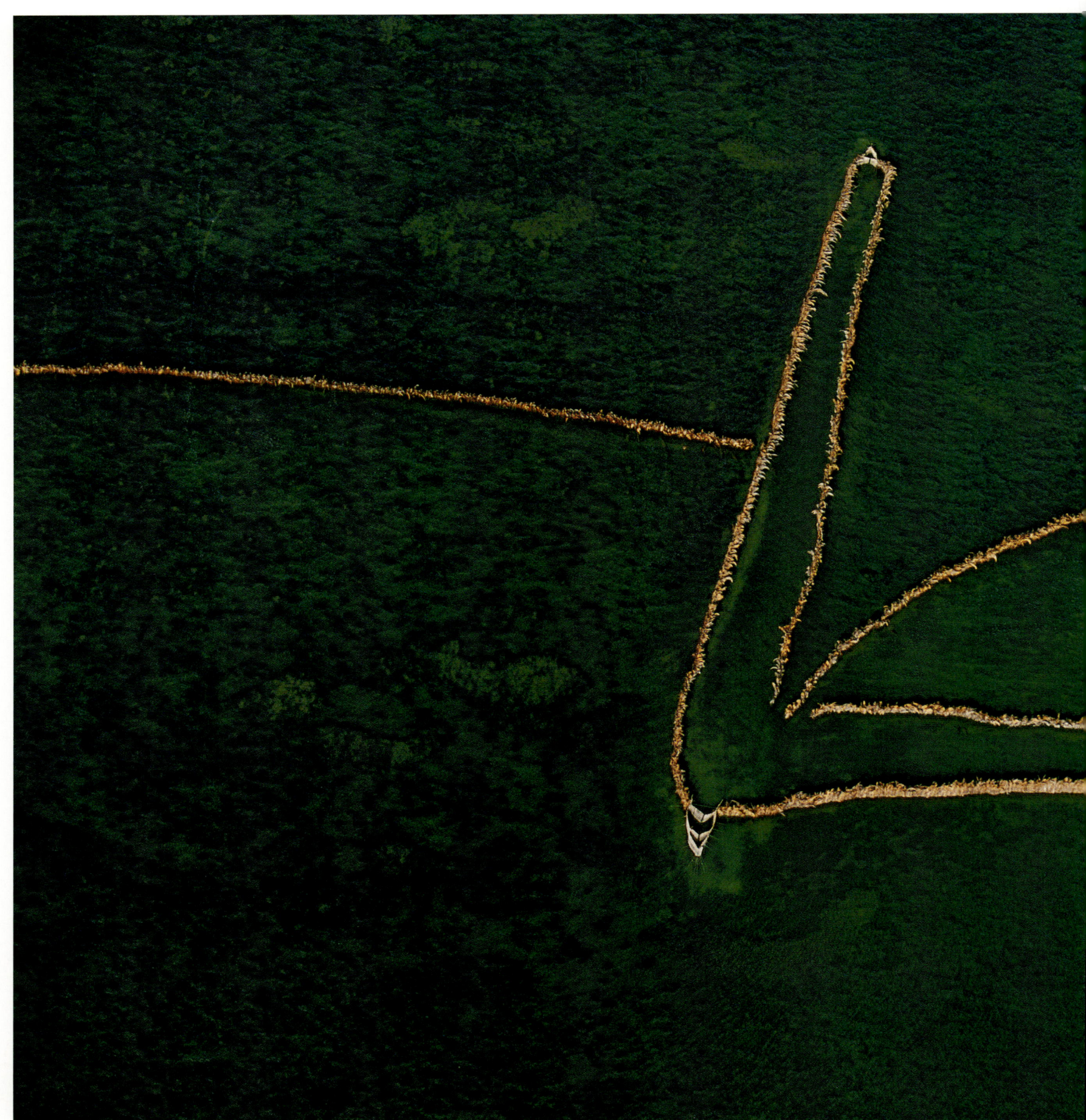

Barrieren aus Palmblättern treiben die Fische in die Falle. Bei dieser alten Fischereimethode, wie sie hier im Golf von Gabes in Tunesien angewandt wird, bleiben die Fangmengen innerhalb bestimmter Grenzen. Die Technik steht jetzt unter Schutz und wird finanziell gefördert.

Neunzig Prozent der Großfische (wie Kabeljau und Flunder) sind verschwunden.

Das Meer erscheint uns als unerschöpfliche Nahrungsquelle – aber der Traum ist ausgeträumt. Denn im Verlauf des 20. Jahrhunderts hat sich die Fischerei stark verändert: Aus einem Handwerk, bei dem Fische und andere Meerestiere nur in vernünftigen Mengen gefangen wurden, ist eine Industrie geworden. Große Fabrikschiffe durchpflügen mit riesigen Netzen die Ozeane. Fast drei Viertel der Fischbestände sind übernutzt: Jedes Jahr werden 85 Millionen Tonnen Fisch gefangen.

Trotz der modernen Fischereimethoden wird die Ausbeute immer geringer. Manche großen Fischarten wie der Kabeljau sind so stark zurückgegangen (um achtzig Prozent in den letzten 15 Jahren), dass es fraglich scheint, ob sie auf Dauer überleben können.

Die Verschmutzung der Meere durch Kohlenwasserstoffe (Erdöl) trägt nicht gerade zur Lebensverbesserung der Fische und ihrer Fressfeinde bei. Mit den heute verwendeten Netzen, die größere Fangmengen ermöglichen, werden nicht nur Fische, sondern auch Schildkröten, Delphine und Meeresvögel an Bord gezogen (darunter auch Albatrosse, deren Zahlen deshalb dramatisch abgenommen haben).

Dagegen gibt es ein einfaches Heilmittel mit allerdings schmerzhaften Nebenwirkungen: Mehr als ein Drittel aller Fangschiffe in Europa müsste stillgelegt werden, damit die Fischbestände erhalten bleiben. Die Europäische Kommission hat solche Maßnahmen schon in Erwägung gezogen, aber sie würden Probleme für viele Menschen aufwerfen... doch immerhin steht das Erbe des Meeres auf dem Spiel.

USA, Nordamerika
Kriegswunden

B52-Bomber auf einem Militärstützpunkt in den USA. Das Land gibt pro Tag und pro Einwohner drei Dollar für Rüstung aus, während 1,2 Milliarden Menschen auf der Welt von weniger als einem Dollar pro Tag leben müssen.

Die Regierungen dieser Welt geben fast 15-mal mehr Geld für Waffen aus als für Entwicklungshilfe.

Weltweit brodeln an die fünfzig Konflikte verschiedener Art. Kriege betrügen die Menschen um ihre Zukunft und hinterlassen Spuren, die nicht so schnell verwischen. Sie gehen oft mit Armut einher, denn nur in Friedenszeiten kann sich ein Land weiterentwickeln. Wer einen militärischen Konflikt austrägt, ist mehr um seine Waffen und Soldaten besorgt als darum, Schulen zu bauen, Felder zu bestellen oder Bürger für die Zukunft auszubilden. Außerdem wird im Krieg vor Zerstörung und Verwüstung nicht zurückgeschreckt, einerlei, welch furchtbare Folgen das für Mensch und Natur haben mag. Im Jahre 1990 zum Beispiel zerstörte die irakische Armee eine Erdölstation in Kuwait; 800 000 Tonnen Öl flossen ins Meer... Bomben, chemische Waffen und Tretminen (das sind Sprengsätze, die unter Straßen und in Feldern vergraben werden) töten und verstümmeln Tausende von Menschen.

Krieg kommt die Volkswirtschaft teuer zu stehen, aber für Waffenhändler ist er ein glänzendes Geschäft: Im Jahr 2000 wurden 750 Milliarden Dollar für Waffen ausgegeben. Oft sind die Länder, die Waffen verkaufen, auch diejenigen, die nach einem bewaffneten Konflikt vom Aufbau des zerstörten Landes profitieren.

Madagaskar, Afrika

Böden zerfallen zu Staub

Ein Fluss in der Nähe von Miandrivazo auf der Insel Madagaskar schwemmt rote Erde Richtung Meer – gute Erde, die der Landwirtschaft verloren geht. Für die Bauern bedeutet das: Immer mehr Probleme bei der Feldarbeit, immer schlechtere Ernten.

Auf fast der Hälfte der Ackerflächen Afrikas wird der Boden immer unfruchtbarer.

Dieser Fluss auf Madagaskar hat eine seltsame Farbe: Er führt Schlamm mit sich, Erde, die von den Hügeln am Ufer abgerutscht ist. Die Hügel sind nackt, auf ihnen wächst nichts mehr.

Im Laufe der letzten Jahrzehnte haben die Bewohner dieser Region immer wieder Bäume gefällt. Sie wollten neues Ackerland gewinnen oder brauchten das Holz als Baumaterial oder zum Heizen. Dabei sind Bäume schon deshalb unverzichtbar, weil ihre Wurzeln die Erde festhalten, so wie es die Trockenmauern tun, die man in vielen Ländern an landwirtschaftlich genutzten Berghängen sehen kann.

Dort, wo man aus Platzgründen Felder an Berghängen anlegt – und das ist auch heute noch in vielen Weltgegenden so – wird Wald gerodet. Und zwar so gründlich, dass es bei starken und lang anhaltenden Regenfällen vor allem in den Tropen immer häufiger zu verheerenden, todbringenden Erdrutschen kommt. Nichts hält die Erdmassen auf. Sie stürzen die Hänge hinab und wälzen sich in die Dörfer der Bauern. Tausende von Menschen finden Jahr für Jahr auf diese Weise unter Schlammlawinen den Tod.

Endlich, nachdem schon viel zu viel Wald gerodet worden ist, begreifen die Menschen, wie lebensrettend eine dichte Pflanzendecke ist; es gibt kein besseres Mittel, der Erosion – dem Abrutschen des Bodens – zuvorzukommen, der die fruchtbarsten Schichten zum Opfer fallen.

Argentinien, Südamerika

Nahrung für alle

Hereford-Rinder in Argentinien, die für den Schlachthof bestimmt sind, werden von Hirten auf die Weide gebracht. Hier wird extensive Viehzucht betrieben. In der intensiven Viehzucht werden die Tiere in großen Hallen auf Betonböden aufgezogen.

Im Jahre 2020 wird die Erde zwei Milliarden mehr Menschen ernähren müssen.

Etwa 800 Millionen Menschen weltweit sind unterernährt. Viele Länder produzieren nicht genügend Lebensmittel, um ihre Bevölkerung zu versorgen, und es fehlt ihnen das Geld, um die Nahrung zu kaufen. Gleichzeitig werden aber auf einem Teil des Ackerbodens Feldfrüchte für den Export, also für den Verkauf an andere Länder, angebaut. So hat der Sudan im Jahr 1989, als den Einwohnern eine Hungersnot drohte, tausende Tonnen von Erdnüssen sowie Sorghum-Hirse als Futter für das europäische Vieh exportiert. Das ist nur ein Beispiel für eine absurde Situation: Die Menschen in den reichen Ländern haben es sich zur Gewohnheit gemacht, jeden Tag Fleisch zu essen; und es stammt von Rindern, Ochsen, Geflügel und Schweinen aus intensiver Tierhaltung. Mehr als ein Drittel des weltweit geernteten Getreides wird heutzutage an das Vieh verfüttert. In Kalorien ausgedrückt (das ist die Energie, die in der Nahrung steckt): Wenn ein Rindersteak einen Menschen satt macht, könnte der Reis oder Weizen, der sozusagen im Steak steckt, sechs bis sieben Personen ernähren.

Im Jahr 2020 werden acht Milliarden Menschen auf unserem Planeten leben. Es ist nicht damit getan, einfach die landwirtschaftlichen Erträge zu steigern. Wir müssen weniger und besseres Fleisch essen (aus extensiver Vieh- und Weidewirtschaft). Auf diese Weise könnten die reichen Länder das Ihre dazu beitragen, dass genug Nahrung für alle da ist: Die Ackerflächen in Ländern, die ihre Felder so dringend für den Eigenbedarf brauchen, wären dann nicht mehr durch den Anbau von Getreide »blockiert«.

Brasilien, Südamerika

Ungebremster Kahlschlag

Ein kleines Wäldchen mitten in einem Getreidefeld? Ganz falsch! Das Bild zeigt ein Waldstück im Mato Grosso do Norte in Brasilien, über das ein Kettensägenmassaker weggefegt ist.

Jedes Jahr verschwinden 140 000 Quadratkilometer Wald. Das ist so viel wie die Fläche von Österreich und der Schweiz zusammen.

Tropische Regenwälder bergen wertvolle Hölzer, aber auch solche, die billig verkauft und überall auf der Welt verwendet werden. Für Entwicklungsländer sind Wälder ein sehr wichtiger Rohstoff und Wirtschaftsfaktor.

Einige große Holzfirmen beuten die tropischen Wälder erbarmungslos aus. Auf unserer Erde wird jede Stunde schätzungsweise eine Fläche so groß wie sieben Fußballfelder entwaldet.

Und dabei ist der Wald doch die Lunge unseres Planeten: Er produziert Sauerstoff und nimmt einen Teil des Kohlendioxids auf, das wir in viel zu großen Mengen freisetzen. Außerdem beherbergen die tropischen Regenwälder einen unermesslichen Reichtum an Pflanzen- und Tierarten. Ganz zu schweigen von den Völkern, die dort seit ewigen Zeiten in Harmonie mit ihrer Umwelt leben. Was wird in einigen Jahrzehnten von all dem noch übrig sein?

Dem Wald in Europa und Nordamerika dagegen geht es einigermaßen gut. Dank einer gut organisierten Forstwirtschaft wird nicht einfach planlos abgeholzt. Man wählt vielmehr die Baumarten aus, die in nächster Zukunft gebraucht werden. Eine nachhaltige Waldwirtschaft könnte überall auf der Welt Wirklichkeit werden.

Der Wald des Mato Grosso wird Ackerflächen geopfert, auf denen Mais oder Soja angepflanzt wird – Futter für das Schlachtvieh in Nordamerika und Europa.

ELFENBEINKÜSTE, AFRIKA

Wasser kommt aus der Leitung, oder?

Alles in allem verbraucht ein Amerikaner 630 Liter Wasser täglich, ein Europäer 250 und ein Afrikaner nur dreißig Liter. Unweit von Doropo an der Elfenbeinküste ist Wasser ein sehr wertvoller Rohstoff, den die Menschen mühsam aus den Brunnen schöpfen.

Gesundheitsschädliches Wasser fordert jedes Jahr fünf Millionen Todesopfer.

Diese Gefäße stehen in der Warteschlange für Trinkwasser. Hier in Afrika und in anderen heißen Gegenden der Welt wird die Suche nach Wasser – zum Trinken, für die Körperpflege, für die Bewässerung der Felder – zur täglichen Last. Weltweit haben über eine Milliarde Menschen keinen Zugang zu Trinkwasser.

Das Wasser, die Grundlage allen Lebens, ist auch zum politischen Streitobjekt geworden. Flüsse und Seen kennen keine Landesgrenzen und erstrecken sich oft über mehrere Staaten. Wo Wasser knapp ist, entstehen Konflikte; das ist zum Beispiel zwischen der Türkei, Syrien und dem Irak der Fall. Euphrat und Tigris entspringen in der Türkei. Man hat dort Staudämme gebaut, um Wasserreserven anzulegen, mit der Folge, dass die Flüsse bei den Nachbarn entsprechend weniger Wasser führen.

Siebzig Prozent des Süßwassers werden zum Bewässern der Felder benutzt. Aber viele der heutigen Bewässerungssysteme verschwenden das wertvolle Nass. Forscher in trockenen Ländern wie Israel oder den Vereinigten Arabischen Emiraten haben Anlagen entwickelt, mit denen viel Wasser gespart werden kann; sie bewässern sozusagen tröpfchenweise. Gurken und Tomaten reifen ohne Wasserverschwendung; sie bekommen gerade mal so viel Feuchtigkeit, wie sie zum Wachsen brauchen. Um dem Wassermangel zu begegnen, werden auch Versuche mit Gemüsesorten angestellt, die robuster sind und mit Trockenheit besser zurechtkommen.

Im Wurzelbereich versorgt ein Rohr über ein ausgeklügeltes System jeden Setzling gleichmäßig und Tropfen für Tropfen mit genau der Menge Wasser, die er für sein Wachstum braucht.

USA, NORDAMERIKA

Wenn das Klima verrückt spielt

Im Bezirk Osceola in Florida hat ein Tornado ganze Arbeit geleistet. Ein Land wie die USA kann viel schneller als arme Staaten auf solche Katastrophen reagieren, bald mit dem Wiederaufbau beginnen und den Handel wieder aufnehmen.

Die 1990er Jahre waren das wärmste Jahrzehnt seit Beginn der Temperaturmessungen; in den Jahren 2001, 2002 und 2003 setzte sich der Trend fort.

Ein Bombenangriff? Nein! Ein Erdbeben? Auch nicht. Im Februar 1998 hat ein Wirbelsturm einen Großteil von Florida in den USA verwüstet. Bei Windgeschwindigkeiten von mehr als 300 Kilometern pro Stunde flog alles davon: Dächer, Bäume, Anlegebrücken, Mauern.

Klimaexperten lassen keine Freude aufkommen: Laut neuester ernst zu nehmender Erkenntnisse könnten Wirbelstürme, Überschwemmungen, sintflutartige Regenfälle oder Trockenperioden in den kommenden Jahrzehnten noch zunehmen. Und wieder einmal zeigt sich, dass die globale Erwärmung höchstwahrscheinlich nicht ganz unbeteiligt an dieser Entwicklung ist. Solche Katastrophen haben nicht nur für die Menschen schreckliche Folgen (Hunderte von Toten, Zehntausende ohne Obdach), sondern auch für die Wirtschaft (lahm gelegte Fabriken, viele zerstörte Felder, eingestürzte Häuser). Nun sind es aber gerade die tropischen Gebiete, die besonders stark von solchen Ereignissen heimgesucht werden, also die armen Länder, deren ohnehin schon schwierige Lage dadurch nur noch schlimmer wird.

Alle Menschen der Erde haben die Aufgabe, für Abhilfe zu sorgen. Es fängt damit an, dass wir unsere Gewohnheiten ändern, und das geht in erster Linie die Bewohner der Industrieländer an. Wir sollten zum Beispiel weniger Energie verbrauchen. Wir haben einen langen Weg vor uns, aber es ist zu schaffen.

MALEDIVEN, ASIEN
Land unter

Ein »Spiegelei« aus dem Nord-Male-Atoll der Malediven. Der braun-grüne Saum, der sich den Sandstrand entlangzieht, ist ein Korallenriff. Die höchste Erhebung im Inselreich der Malediven liegt 2,5 Meter über dem Meeresspiegel.

In den kommenden Jahrzehnten könnten die Niederlande sechs Prozent, Bangladesch sogar 17 Prozent der Landesfläche an das Meer verlieren.

Nur noch die Palmen fehlen, dann wäre diese kleine unbewohnte Insel ein paradiesisches Plätzchen. Unter Wasser wimmelt es von farbenfrohen Fischen und Korallen. Wir sind auf den Malediven im Indischen Ozean. Der höchste Punkt (wenn man das überhaupt so sagen kann) dieses kleinen Eilands liegt nicht einmal einen Meter über dem Meeresspiegel!

An die 1200 Inseln gehören zu den Malediven, und die meisten ragen nur knapp aus dem Wasser. Im Pazifischen Ozean gibt es ähnliche Eilande, zum Beispiel Nauru, die Marshall- oder die Cook-Inseln. Viele sind bewohnt, aber das 21. Jahrhundert könnte ihr Schicksal besiegeln. Die durchschnittliche weltweite Temperaturerhöhung, die Experten voraussagen, wird den Meeresspiegel ansteigen lassen, und die Inseln werden irgendwann teilweise oder völlig im Meer versinken. Die gesamte Bevölkerung müsste dann umgesiedelt werden; psychische und politische Probleme wären vorprogrammiert; der Tourismus würde darunter leiden; Vogelkolonien wären ebenso in Gefahr wie die Eiablageplätze der seltenen Meeresschildkröten.

Im Jahre 2001 haben sich Regierungsvertreter der kleinen Pazifikstaaten getroffen, um Maßnahmen auszuarbeiten, die ihren Untergang verhindern könnten. In manchen Fällen wird es wohl nicht ohne Dämme gehen – nicht sehr schön anzuschauen, aber möglicherweise wirkungsvoll.

Wenn der Meeresspiegel ansteigt

Seit Beginn des 20. Jahrhunderts sind die Temperaturen um 0,6 °C gestiegen, ganz besonders schnell seit den 1970er Jahren.

Die Erwärmung wirkt sich natürlich auch auf das Wasser der Ozeane aus. Und was tut Wasser, wenn man es in einem Topf erhitzt? Es fließt über!

Im Meer ist das nicht anders: Wenn die Temperatur steigt, dehnt sich das Wasser aus und sein Volumen nimmt zu. Berechnungen haben ergeben, dass in den nächsten hundert Jahren der Meeresspiegel um neun bis 88 Zentimeter anzusteigen droht. Seichte Küstenregionen (und das sind oft die am stärksten besiedelten Gebiete) und flache Inseln könnten vom Meer überflutet werden.

Ecuador, Südamerika

Slums, so weit das Auge reicht

Guayaquil (mit fast drei Millionen Einwohnern die am dichtesten besiedelte Stadt Ecuadors) ist von Slums umgeben. Weltweit nimmt die Zahl der Menschen, die in Städten leben, jede Woche um eine Million zu.

1950 lebten 65 Prozent der Weltbevölkerung auf dem Land; im Jahre 2025 werden sechzig Prozent in Städten leben.

In Guayaquil, Ecuadors großem Handelshafen, ist die Armut der Bewohner nicht zu übersehen. Um die ganze Stadt herum schießen selbst noch auf dem kleinsten unbebauten Fleckchen Erde Elendsviertel aus dem Boden. Die Menschen leben dort ohne Schulen, ohne Komfort, ohne Sicherheit und auch ohne Hygiene, denn die Slums mit ihren oft auf Pfählen gebauten Hütten stehen direkt am Meer im Schlick, und jede Flut schwemmt eine Ladung Unrat an.

Während immer mehr kleine landwirtschaftliche Betriebe verschwinden, platzen die Städte in vielen Entwicklungsländern aus allen Nähten: Die Feldfrüchte, von deren Anbau die Bauern lebten, haben Konkurrenz von importierten ausländischen Produkten bekommen, und jetzt lohnt die Arbeit nicht mehr. Die Ackerflächen sind nun in den Händen großer internationaler Unternehmen, und nur sie können die Produkte (in Ecuador sind es Früchte) ins Ausland verkaufen. Weil ein menschenwürdiges Leben auf dem Land unmöglich ist, werden die Ärmsten der Armen von den großen Städten angelockt. Dann schnappt die Falle zu, denn hier finden sie keine sichere Arbeit. Die Lösung des Problems? Man müsste zum Beispiel neue Wege für die Bauern finden, um ihre Produkte zu einem fairen Preis zu verkaufen. Dann wäre es ihnen möglich, ihren Lebensunterhalt auf den Feldern zu verdienen.

KASACHSTAN, ASIEN

Der Aralsee zieht sich zurück

In einer Wüstenlandschaft in der Gegend um Aralsk in Kasachstan ist ein altes Schiff auf Grund gelaufen. Vor vierzig Jahren reichte der Aralsee noch bis hierher. Jetzt ist das Seeufer mehr als sechzig Kilometer entfernt!

Innerhalb von vierzig Jahren hat der Aralsee drei Viertel seines Wasservolumens verloren und ist auf die Hälfte der Fläche geschrumpft.

Vor einigen Jahrzehnten war dieses Schiff auf dem See unterwegs. Jetzt liegt es auf dem Trockenen, sechzig Kilometer von der Küste entfernt. Der Aralsee in Zentralasien war einmal der viertgrößte See der Welt. Sein leicht salziges Wasser wurde von zwei Flüssen gespeist, dem Amu-Darja und dem Syr-Darja. In den 1960er Jahren hat man in einem ehrgeizigen Projekt das umliegende Grasland in ein riesiges Baumwollfeld verwandelt. Da Baumwolle sehr viel Wasser braucht, wurden die beiden Ströme mit Hilfe von Kanälen umgeleitet, um die Felder versorgen zu können. Das wurde derart gründlich erledigt, dass der Wasserspiegel des Sees zu sinken begann. Gleichzeitig stieg sein Salzgehalt immer mehr an, da nun kein Süßwasser mehr nachfloss. Das Salz wurde vom Wind überallhin verweht, verbrannte nach und nach die Pflanzen, machte die Felder unfruchtbar und ließ nichts mehr wachsen. Im Wasser starben die Fische, und die Fischer verloren ihre Arbeit. Die Katastrophe hat immer weiter um sich gegriffen: Das Salz des Aralsees wurde vom Wind bis zu den Berggipfeln Tadschikistans getragen: Dort lagerte es sich auf dem Schnee ab und brachte ihn schneller zum schmelzen.

Wieder einmal hat ein Mammutprojekt, das der Natur ein Schnippchen schlagen und Wohlstand bescheren sollte (aus dem Export der Baumwolle für die Textilindustrie), letztlich eine ganze Region in den Ruin gestürzt.

Botswana, Afrika

Leben ist Artenvielfalt

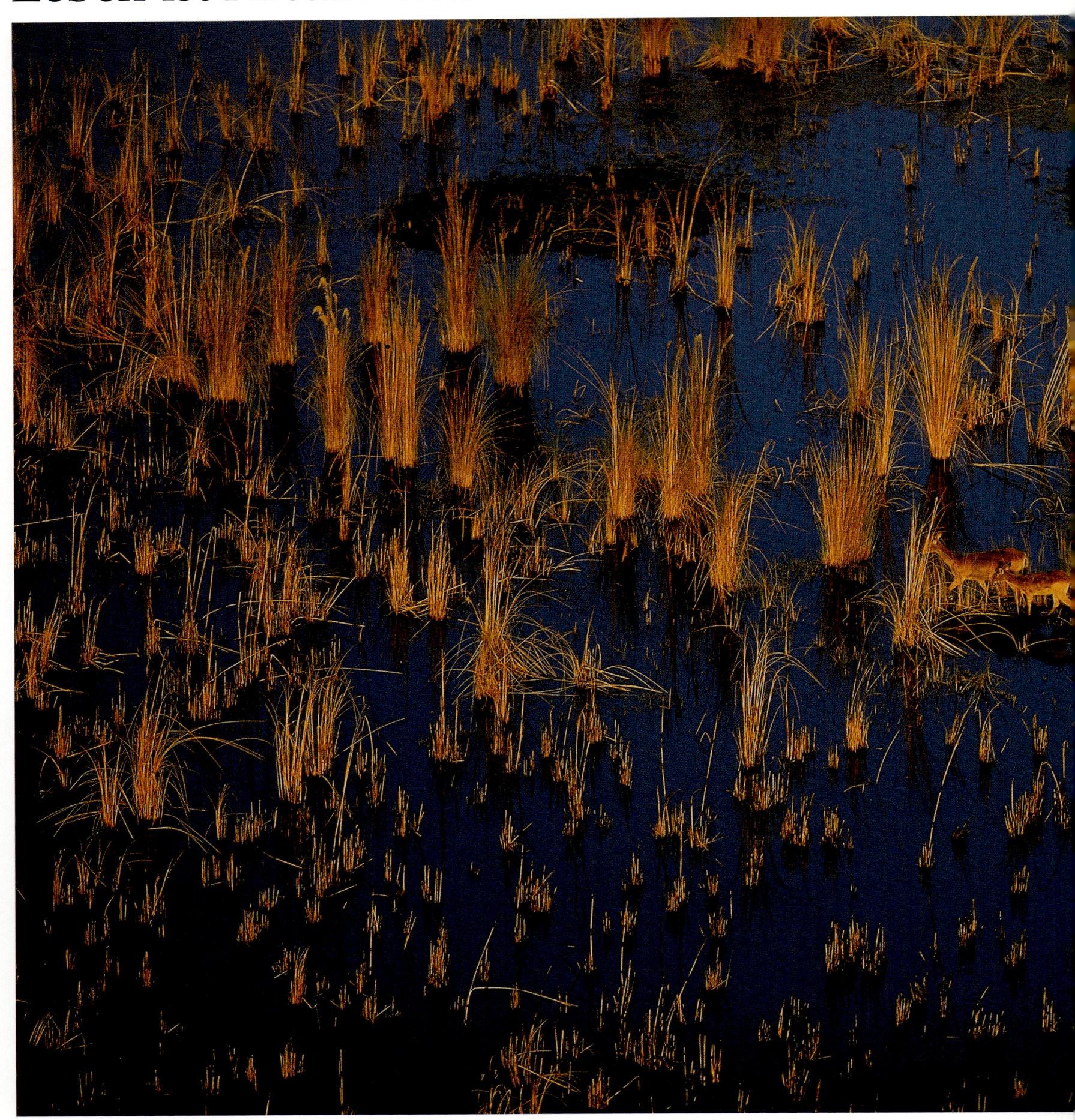

Aufgeschreckte Lechwe-Antilopen im Okawango-Delta. Diese Antilopenart hält sich nur in Sumpfgebieten wie diesem auf. Es erstreckt sich über eine Fläche von 15 000 Quadratkilometern und beherbergt eine große Artenvielfalt.

Seit einigen Jahrzehnten zerstört der Mensch mit seinem Tun schnell eine Artenvielfalt, die sich über 3,8 Milliarden Jahre hinweg entwickelt hat.

Stellen wir uns einen Sommerspaziergang auf einer Bergwiese vor; ein Dutzend Naturkundler begleitet uns. Wieder zu Hause angekommen, bestimmen sie zig, wenn nicht Hunderte von Arten; sie kennen den Namen jeder Tier- und Pflanzenart.

Das Gleiche lässt sich von fast ganz Europa oder Nordamerika sagen. Im Weltmaßstab ist die Sache schon wesentlich komplizierter. Bisher sind 1 750 000 auf der Erde lebende Tier- und Pflanzenarten erfasst worden. Das ist eine gewaltige Zahl, aber sie könnte auf mindestens vier Millionen ansteigen. Es gibt also noch eine Menge zu entdecken!

Diese Vielfalt – Fachleute sprechen von Biodiversität – ist das Ergebnis einer viele Millionen Jahre währenden Entwicklung, die unserem Planeten unvergleichliche Reichtümer geschenkt hat. Auf einem einzigen Baum in einem Wald von Peru hat ein Biologe über 650 verschiedene Käferarten gezählt!

Jede Art, ob Tier oder Pflanze, hat ihren Platz und ihre Aufgabe in ihrem Lebensraum. Mit der zurzeit voranschreitenden Zerstörung der Natur wird aber die Artenvielfalt kleiner, und das kann zu großen ökologischen Katastrophen führen. Denn eine Art hängt von der anderen ab, alles ist miteinander verbunden. Wenn ein einziger Lebensraum vernichtet wird, kann dies das Ende für Hunderte von Arten sein; so wie ein Kartenhaus einstürzt, wenn irgendwo eine Karte entnommen wird.

Tausende bedrohter Arten

Schätzungen haben ergeben, dass in naher Zukunft mehr als 11 000 Pflanzen- oder Tierarten aussterben werden.

Möglicherweise verschwinden sogar pro Jahr 5000 bis 10 000 Arten vom Gesicht der Erde, etwa eine pro Stunde.

Ehrgeizige Rettungsprojekte – zum Beispiel für die Nashörner – sind in Angriff genommen worden, aber wie viele noch unbekannte Arten werden jetzt oder in Zukunft verschwinden, ohne dass wir je etwas über sie erfahren haben?

Es wird Zeit, sie alle besser zu schützen.

ITALIEN, EUROPA

Empfindliche Verbindung von Land und Meer

In der Lagune von Venedig verschmilzt das Land mit dem Meer und bildet dabei kleine Inseln, die je nach Jahreszeit mal aus den Fluten auftauchen, mal vom Wasser überspült werden. Sie sind ein ungemein wertvoller Lebensraum für die Tier- und Pflanzenwelt.

Seit 1930 werden die Pflanzen, die mit ihren Wurzeln gegen die Abtragung der Erde ankämpfen, immer seltener; die Zerstörung der Lagune schreitet voran.

Noch vor Ablauf des 21. Jahrhunderts könnten wegen der steigenden Wassertemperaturen die flachsten Landstriche der Erde überflutet werden. Venedig, New York oder Tokio bekämen nasse Füße.

Im Fall von Venedig wiegt das Problem doppelt schwer: Die Lagune ist ein flacher Meeresteil, der durch einen Landstreifen vom Meer getrennt ist. Sie verwandelt sich nach und nach in einen Meeresarm; das Meer besiegt das Land. Aber es kommt noch schlimmer: Die Stadt, die auf lehmigem Untergrund steht, versinkt allmählich. Arbeiten im Hafen – zum Beispiel die Erweiterung der Kanäle, damit auch große Schiffe sie befahren können – verschärfen die Situation. Der Industrieausbau in der Region, der Bodenveränderungen mit sich bringt, und das Abpumpen unterirdischer Wasserreserven beschleunigen die Abtragung des Bodens und schwächen den Untergrund zusätzlich.

Häufige Überschwemmungen vernichten das Leben im Wasser und nagen an den Baudenkmälern der Stadt. Überall auf der Welt sind Lagunen und Flussmündungen wegen des steigenden Wasserspiegels in Gefahr. Aber im Fall Venedigs geht es darum, eine außergewöhnliche Stadt zu retten, ohne das natürliche Gleichgewicht der Lagune zu zerstören. Im Rahmen von Projekt »Moses« sind schwimmende Dämme geplant, die das Wasser aussperren sollen; doch ist es nicht auch Zeit, die Ursachen zu bekämpfen?

FRANKREICH, EUROPA

Respekt vor der Zukunft lernen

60

Die Zeichnung der Weltkarte im Schulhof des André-Malraux-Gymnasiums in Montereau-Fault-Yonne könnte uns daran erinnern, dass nachhaltige Entwicklung eine Sache jeden Bürgers, aber auch der Staaten ist. Im Jahr 2002 haben die 15 Länder der Europäischen Union das Protokoll von Kyoto unterschrieben. Es befasst sich mit dem Klimawandel und ruft die Länder auf, ihren Ausstoß von Treibhausgasen bis 2012 um acht Prozent gegenüber 1990 zu verringern.

Heute besuchen weltweit mindestens acht von zehn Kindern eine Schule: ein Fortschritt, auch wenn immer noch viel zu viele Kinder nicht zur Schule gehen können, weil sie arbeiten müssen.

Ein Mann, der vor hundert Jahren geboren wurde, wäre gar nicht auf die Idee gekommen, dass seine Frau die gleichen Rechte haben sollte wie er; heute dagegen ist das eine Selbstverständlichkeit – zumindest bei uns. Ein einzelner Mensch lernt im Laufe seines Lebens dazu und ändert sein Verhalten, genauso ist es mit der Menschheit als Ganzes.

Die Probleme auf unserem Planeten zwingen uns, unser Denken und Verhalten zu ändern. Die neuen Fragen, die sich uns stellen, müssen wir an unsere Kinder weitergeben. Sie werden die Verantwortung für den Schutz der Erde erben, und in vielen Ländern machen Kinder fast die Hälfte der Bevölkerung aus.

Wissen ist das wirksamste Mittel, um der Welt ein anderes Gesicht zu geben. Wenn ein Kind gelernt hat, dass es zur Zerstörung der Regenwälder in Indonesien oder Brasilien beiträgt, wenn es zum Beispiel Essstäbchen in Tokio nach einmaligem Gebrauch wegwirft, kann es darüber nachdenken und seine Gewohnheiten ändern. Kindern beizubringen, verantwortungsbewusster und solidarischer zu sein als die Generationen vor ihnen, ist eine wunderbare Sache! Dazu gehört zum Beispiel auch, dass sie verstehen lernen, dass das Naturerbe genauso wichtig für die Zukunft ist wie das Kulturerbe. Wer käme schon auf die Idee, die berühmte Kathedrale Notre-Dame von Paris zu zerstören? Wenn man über die Seltenheit einer Blume erst einmal Bescheid weiß, will man sie nicht mehr pflücken.

Bildung ist für alle da

Eines von vier Kindern im Alter von fünf bis 14 Jahren muss arbeiten gehen, und einer von fünf Erwachsenen kann weder lesen noch schreiben.
Probleme treten vor allem in Afrika und Asien auf, aber auch in den reichen Industrieländern. Wie kann jemand seinen Platz als Bürger einnehmen, wenn er nicht lesen und schreiben kann?
Damit alle Kinder dieser Welt die Schule besuchen können, müsste man bis ins Jahr 2015 jährlich sechs Milliarden Dollar investieren – eine winzige Summe, wenn man sie mit den 750 Milliarden Dollar vergleicht, die jedes Jahr für die Rüstung ausgegeben werden. Eine der wichtigsten Organisationen, die sich für den Schutz und die Bildung der Kinder weltweit einsetzt, ist Unicef.

Mexiko, Mittelamerika

Überquellende Müllhalden

Mexiko-Stadt produziert tagtäglich an die 20 000 Tonnen Abfälle, die von den Ärmsten der Armen nach Verwertbarem durchsucht werden. Eine neue Stadt ist um die Müllberge herum entstanden: Chalco. Es gibt dort ein Sprichwort: »Wer Würde hat, wirft seinen Abfall nicht weg.«

Im Laufe seines Lebens verbraucht ein Mensch in den Industrieländern mehr Rohstoffe und verursacht mehr Umweltverschmutzung als dreißig bis fünfzig Bewohner eines Entwicklungslandes.

Die Müllmenge, die eine Familie in den Industrienationen produziert, ist innerhalb der letzten zwanzig Jahre auf das Dreifache gestiegen. Lange galt es als völlig normal, die Abfälle entweder auf Müllablageplätze zu werfen oder zu verbrennen. Noch heute gibt es auf der Welt viele Müllhalden unter freiem Himmel wie diese hier. Sie verpesten nicht nur die Luft, sondern verunreinigen auch die Böden und die Grundwasserreserven. Verbrennt man den Müll, entstehen Dioxine, Giftstoffe, die Krebs erregen können.

Mittlerweile sind die Müllberge derart gewachsen, dass man sich andere Lösungen einfallen lassen musste. Jetzt weiß man, wie man Glas, Papier, Plastik und Metall wiederverwerten und zu neuen Dingen verarbeiten kann. Auf diese Weise vermeiden wir nicht nur Müll, wir sparen auch Rohstoffe, die keineswegs unerschöpflich sind. Da heißt es für jeden: Müll trennen und sortieren. Die Stadtverwaltungen organisieren dann das Sammeln und Wiederverwerten, das Recyclen. Aber es sind nur die reichen Länder, die genug Geld haben, um auf diese Weise das Anwachsen der Müllberge zu verhindern. Recycling ist heute ein regelrechter Wirtschaftszweig. Eines Tages sind wir sicher so weit, dass wir weniger wegwerfen und vielleicht bewusster einkaufen: Wir könnten beispielsweise Produkte kaufen, die langlebiger sind und mit weniger Verpackung auskommen.

Antarktis
Schmelzende Eisschollen

Eisberge treiben langsam auf dem offenen Meer vor Adélieland in der Antarktis. Man kann nur zehn bis zwanzig Prozent ihrer Masse sehen, der Rest ist unter der Wasseroberfläche.

Zum antarktischen Kontinent gehören mehr als siebzig Prozent der Süßwasserreserven unseres Planeten.

Vor der Küste von Adélieland in der Antarktis müssen die wenigen Seeleute besonders vorsichtig sein: Riesige Eisberge treiben im Meer. Immer wieder lösen sich Eismassen von der Schicht, die den Südpol bedeckt – das ist ein ganz natürlicher Vorgang. Aber seit einigen Jahren nehmen diese Eisberge unglaubliche Ausmaße an. Hat das vielleicht etwas mit dem Klimawandel zu tun?

Im März 2000 brach vom Packeis im Rossmeer ein so gewaltiger Brocken ab, dass ein Eisberg mit den unglaublichen Maßen von 37 mal 87 Kilometern entstand. Das ist fast halb so groß wie Korsika! Nach und nach brechen die riesigen Eisberge im Meer auseinander und schmelzen schließlich.

Einige Pinguinarten finden dadurch nichts mehr zu fressen, denn die berstenden Eisberge verändern die Windrichtungen und Meeresströmungen. Gerade von diesen Winden und Strömungen aber werden die Beutetiere herbeigetragen, von denen sie sich fernab ihrer Kolonien ernähren. Für andere Pinguinarten wiederum ist das in tausend Stücke zerbrochene Packeis ein Glücksfall, weil sie gerade dort ihre bevorzugte Beute finden. Hier zeigt sich wieder einmal: Störungen in der Umwelt können für die eine Art eine Katastrophe, für die andere die Rettung sein.

Wissenschaftler bohren lange Eiszylinder aus der Tiefe. Aus den Konzentrationen des Kohlendioxids im Eis erfahren sie mehr über die Geschichte der Klimaentwicklung.

Tschad, Afrika

Gesundheit: Privileg der Reichen?

Diese schönen Teppiche, die am Ufer des Flusses Chari im Tschad in der Sonne trocknen, sind mit dem gleichen Wasser gewaschen worden, in dem sich Menschen baden, das sie trinken, mit dem sie kochen. Das Risiko ist groß, dass auf diesem Wege Krankheitserreger verbreitet werden.

Jeden Tag sterben auf der Welt über 30 000 Kinder an Krankheiten, die eigentlich leicht zu behandeln wären.

In Deutschland sind medizinische Versorgung und Schulbildung Dienstleistungen des Staates, die mit beträchtlichen Geldmitteln unterstützt werden. Sie stehen im Prinzip allen Bürgern offen. Jeder kann sich gegen Infektionskrankheiten impfen lassen (Tuberkulose zum Beispiel), jeder hat Anspruch auf ärztliche Behandlung, wenn er krank ist, jeder kann sich über Gesundheitsrisiken informieren und sich Rat holen, wie er sich schützen kann (Stichwort: Vorsorge). Die durchschnittliche Lebenserwartung in Europa ist mit 78 Jahren sehr hoch. In Nepal dagegen werden die Menschen im Schnitt nicht einmal vierzig Jahre, in Burkina-Faso 46, und in Haiti 55 Jahre alt!

In vielen Ländern gibt es kein gut funktionierendes Gesundheitssystem. Bestimmte Krankheiten wie die Cholera können sich mit einem Schlag zu Epidemien – Massenerkrankungen – ausweiten. Größten Anlass zur Sorge bereitet AIDS, eine Krankheit, von der vierzig Millionen Menschen auf der Welt betroffen sind, allein in Afrika 28 Millionen. Zwar gibt es lebensverlängernde Medikamente, aber die Arzneimittelkonzerne verkaufen sie zu teuer – jedenfalls für die Menschen in den armen Ländern.

Aber Gesundheit ist die wichtigste Voraussetzung für ein menschenwürdiges Leben. Viele Hilfsorganisationen führen Impfprogramme durch, in der Hoffnung, dass in ein paar Jahrzehnten alle Kinder dieser Welt wenigstens gegen Krankheiten geschützt sind, die man wirklich vermeiden kann – sofern man die Mittel dazu hat.

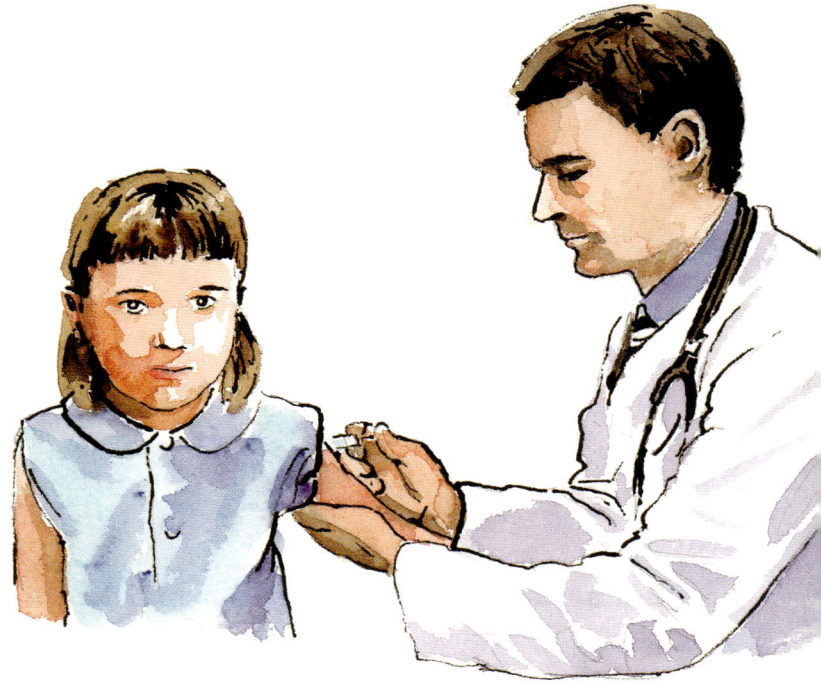

NEPAL, ASIEN

Vom Land leben

In der Gegend um Pokhara in Nepal bauen Familien an den Berghängen Reis an. Achtzig Prozent der Bevölkerung leben von der traditionellen Landwirtschaft.

In Nepal leben die Familien auf dem Land, das sie ernährt. In Brasilien dagegen ist die Hälfte der nutzbaren Anbauflächen in den Händen von einem Prozent Großgrundbesitzern.

In vielen Regionen der Welt baut jede Familie auf einem kleinen Stück Land Getreide, Früchte und Gemüse für den Eigenbedarf an. Überschüsse werden auf dem Dorfmarkt verkauft. Von der intensiven Landwirtschaft, wie sie in den Industrieländern betrieben wird, ist diese Art Ackerbau im Kleinen himmelweit entfernt. Das ist auch gut so, denn auf diese Weise geht man sparsam mit Wasser um, braucht nicht viel Benzin für Maschinen und setzt wenige oder gar keine chemischen Hilfsmittel ein.

Monokulturen (auf großen Flächen wird eine einzige Feldfrucht angebaut) sind ohne den Einsatz teurer und umweltschädlicher Mittel nicht denkbar; in der traditionellen Landwirtschaft dagegen wird der Boden auf einfache, natürliche Weise, wie zum Beispiel mit Viehdung, verbessert. Außerdem spricht für die Mischkultur (so heißt der Anbau verschiedener Feldfrüchte auf demselben Acker), dass sie auf kleinen Flächen betrieben werden und deshalb im Besitz der Kleinbauern bleiben kann. Diese Feldbewirtschaftung ist produktiver, und der Bauer ist sein eigener Herr.

Die Entwicklungsländer sind auf dem Weg in eine bessere Zukunft, wenn sie die kleinflächige Landwirtschaft fördern, die rücksichtsvoll mit dem Boden und den Menschen umgeht, die von ihr leben.

Gesunde Vielfalt

200 000 Reissorten gab es früher allein in Indien. Eine davon hatte fünf Meter lange Halme und vertrug Überschwemmungen, andere widerstanden der Trockenheit oder versalzten Böden.

Die Bauern haben es geschafft, im Lauf von Jahrtausenden eine Vielfalt von Sorten zu schaffen, die genau an die regionalen Böden und Klimata angepasst waren.

Seit den 1950er Jahren sind überall auf der Welt unzählige von ihnen verschwunden und durch Züchtungen ersetzt worden, die bessere Ernten bringen.

Japan, Asien

Die Welt erstickt im Verkehr

Ein Geflecht aus Straßen in der Nähe des Hafens von Yokohama in Japan. Das ungemein praktische Transportmittel Auto hat die Industrienationen erobert, die nun an verpesteter Luft zu ersticken drohen.

Der Verkehr ist für ein Viertel des Kohlendioxid-Ausstoßes in die Atmosphäre verantwortlich.

Waren machen heute Weltreisen: Entweder werden sie am anderen Ende der Welt hergestellt und hier verkauft oder andersherum. Hier wohnen, anderswo arbeiten: Auch Menschen sind ständig unterwegs, ob im Zug, im Bus oder ganz besonders im Auto. Unser Lebensstil hat uns von Verkehrsmitteln abhängig gemacht, aber das kommt uns teuer zu stehen! Es geht auf Kosten unserer Zeit, denn Menschen in Großstädten sind mehrere Stunden pro Tag auf den Straßen unterwegs. Vor allem aber muss die Umwelt dafür bezahlen: Flugzeuge, Lastwagen, endlose Autoschlangen, besonders während des Berufsverkehrs – sie alle setzen Kohlendioxid (CO_2) frei, das erheblich zur Erwärmung unseres Planeten beiträgt. Doch das ist längst nicht alles: Auf das Konto der Fahrzeuge gehen auch andere Umweltgifte, die den Stadtbewohnern die Atemluft nehmen, von dem unerträglichen Lärm ganz zu schweigen. Aber Umweltverschmutzung wäre vermeidbar: Jeder könnte sich ein bisschen Mühe geben und seine Wege so oft wie möglich per Fahrrad, zu Fuß oder mit einem öffentlichen Verkehrsmittel erledigen.

Auf höherer Ebene geht es allerdings darum, die Handelswege neu zu organisieren. Lastwagen könnten zum Beispiel auf Güterzüge verladen und quer durch Europa verfrachtet werden, ohne einen Tropfen Diesel zu verbrauchen.

PHILIPPINEN, ASIEN

Küsten in Bedrängnis

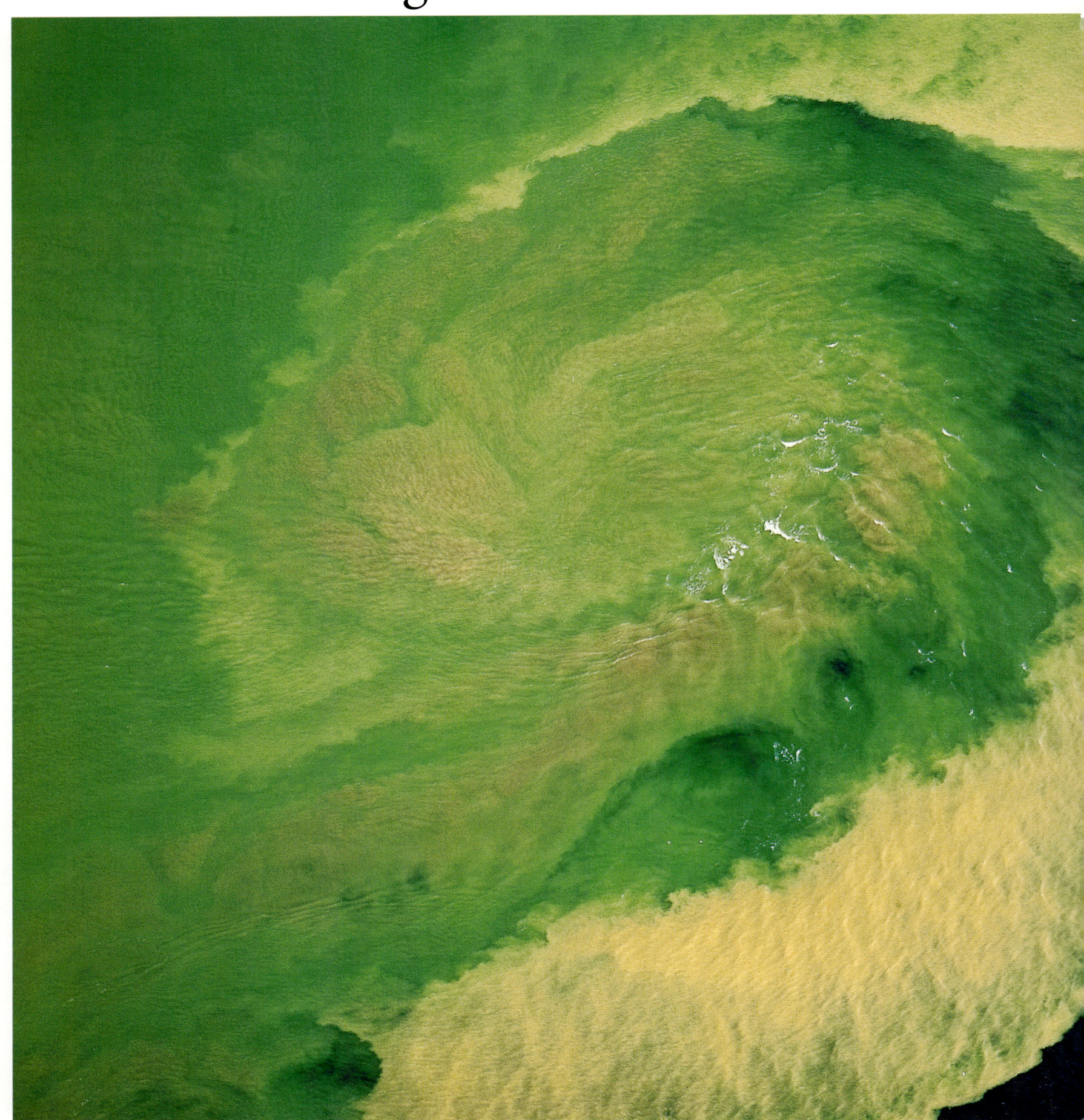

Wo man an der Küste der Insel Mindanao auf den Philippinen Gold abbaut, wird der Abraum einfach ins Meer geleitet. Die Korallenriffe im verfärbten Wasser leiden unter der Verschmutzung und sterben schließlich ab, weil nicht mehr genügend Licht zu ihnen durchdringt.

Fast jeder vierte Bewohner der Erde lebt weniger als sechzig Kilometer von der Küste entfernt.

Es sieht fast so aus, als sei der Trimaran hin- und hergerissen zwischen dem blauen, dem gelblichen und dem grünen Wasser. Vor hundert Jahren wäre ihm die Entscheidung nicht schwer gefallen: Das Meer war blau, überall. Aber heute werden beim Ausbeuten der Goldminen auf Mindanao Schadstoffe ins Wasser geleitet, die den Meeresboden verschmutzen. Außerdem werden Sedimente (feine Bodenteilchen, die Wasser oder Wind vom Land mit sich tragen) hineingeschwemmt und bringen die Strömungen und das ökologische Gleichgewicht des Meeresgrundes durcheinander.

Überall auf der Welt sind Meeresufer lebenswichtige Plätze für viele Fischarten: Hier legen sie ihre Eier ab und hier können ihre Jungen heranwachsen. Tropische Küsten sind die Heimat der Mangroven; das sind Wälder, die mit den »Füßen« im Wasser stehen. Weil sie zwischen Land und Meer wachsen, sind Mangroven ideal als Versteck und Speisekammer für Fische und Vögel. Die kleinen Bäume halten Sedimente fest, die vom Land ins Meer geschwemmt worden sind, und sie tragen dazu bei, die Meeresufer zu befestigen. Jede Störung dieses Lebensraums kann dramatische Folgen für die Tier- und Pflanzenwelt haben. Eine vernünftige Bodennutzung, die Reinigung der Abwässer, der Schutz der Flussdeltas, der Strände, Riffe und Mangroven: All das trägt dazu bei, eine einzigartige Umwelt zu erhalten.

DÄNEMARK, EUROPA

Erneuerbare Energien

Einer der größten Windparks in Europa ist der von Middelgrunden vor Kopenhagen. Er liefert drei Prozent des Strombedarfs der dänischen Hauptstadt. In Deutschland machen erneuerbare Energien acht Prozent des erzeugten Stroms aus.

Längst nicht ausreichend, aber im Aufwind: Die Energieproduktion der Windkraftanlagen ist seit 1995 um 35 Prozent, die der Solar-Anlagen um 21 Prozent pro Jahr gestiegen.

Noch immer decken wir den Hauptanteil der Energie, die wir für Verkehrsmittel, für die Stromerzeugung, die Industrieanlagen und Heizungen brauchen, mit fossilen Brennstoffen wie Kohle und Erdöl. Aber diese sind nur in begrenzten Mengen vorhanden und verschmutzen die Umwelt. Heute wissen wir endlich, wie man sich saubere und nachhaltige Energiequellen zunutze machen kann: die Sonne, den Wind und das Wasser der Flüsse.

Dieser seltsam anmutende metallene Wald mitten im Meer ist ein Windpark. Jedes Windrad hat einen Propeller, der vom Wind in Bewegung gesetzt wird und mittels eines Generators Strom erzeugt. Man kann das schön finden oder nicht, auf jeden Fall schaden die Windkraftwerke der Natur nicht und auch die Vögel weichen ihnen zumeist aus. Diese Technik ist in Europa auf dem Vormarsch, vor allem in windigen Gegenden. Die Wasserkraftwerke entlang der Flüsse setzen dagegen – wie der Name schon sagt – auf die Kraft des Wassers, um Energie zu erzeugen. Auf dem Land produzieren kleine Staudämme Strom für wenig Geld. In den Ländern mit viel Sonne – und manchmal auch bei uns – fangen Sonnenkollektoren und Solarmodule die Sonnenenergie ein, um warmes Wasser und Strom zu erzeugen. Die drei genannten Technologien (und andere) sind zukunftsträchtige sichere Quellen für erneuerbare Energie. Aber wir müssen uns auch endlich bemühen, weniger Energie zu verbrauchen als bisher.

Die Zukunft beginnt jetzt!

Die Probleme unseres Planeten zeigen uns, dass das Verhalten eines jeden Menschen Auswirkungen auf die Zukunft der Erde und auf das Leben aller hat. Eigentlich ist das eine gute Nachricht: Die Entscheidungen jedes Einzelnen zählen, und erst recht die eines Unternehmens, einer Stadt oder eines Landes! Das heißt aber auch, dass man nicht mehr einfach so weitermachen kann, als wäre alles nicht so wichtig.

Noch vor wenigen Jahrzehnten hat man einen Fluss umgeleitet, um eine Steppe zu bewässern: So ist es mit den Zuflüssen des Aralsees geschehen, dessen Austrocknung eine ganze Region ruiniert hat. Nach und nach denken sich die Menschen für jedes Problem eine passende, oft überraschende Lösung aus, die altes Wissen mit moderner Spitzentechnologie verbindet und etwas völlig Neues schafft. Hier nur ein paar Beispiele für solche neuen Entwicklungen, die man »nachhaltig« nennt, weil sie die Natur respektieren und so die Zukunft der Erde sichern.

– Die biologische Landwirtschaft achtet die Umwelt: Chemische Produkte werden nicht verwendet, man erhält und schützt Wildhecken, benutzt natürlichen Dünger und lässt die Felder regelmäßig brachliegen, um die Böden nicht zu erschöpfen. Diese Form der Landwirtschaft trifft auf ein positives Echo beim Verbraucher in der westlichen Welt, denn Qualität geht vor Quantität. Nicht zuletzt beschert sie dem Biobauern ein besseres Leben, denn er kann etwas höhere Preise verlangen. Der Bio-Landbau ist ein Modell für alle Industrieländer.

– Der Wald wird heute nicht mehr als reine »Holzfabrik« betrachtet. Man pflanzt nicht länger nur schnellwüchsige Nadelbäume und Pappeln, wie man es noch bis vor kurzem getan hat. Umwelt und Klimaveränderung,

Bergland im Lionnais, Rhône, Frankreich

die das Wachstum der Bäume beeinflussen, werden bei der Auswahl der Baumart berücksichtigt. In den Tropen wird den Bewohnern der Regenwälder durch die Gründung von Nationalparks und Naturreservaten geholfen: Sie werden zu Bewahrern und Wächtern eines unvergleichlichen Erbes, statt als Arbeiter beim hemmungslosen Kahlschlag mitmachen zu müssen. Dank des Öko-Tourismus, der den Traditionen der einheimischen Bevölkerung mit Respekt begegnet, wird nicht nur der Wald geschützt; es wird auch verhindert, dass die Menschen in die großen Städte abwandern.

Der Wald von Charlevoix, Quebec, Kanada

– Überall auf der Welt arbeiten unterschiedliche Organisationen mit der Landbevölkerung zusammen, um deren Lebensbedingungen zu verbessern. Da wird zum Beispiel in einem Dorf ein Krankenpfleger ausgebildet, der dann eine kleine Krankenstation leiten kann; Minikraftwerke werden eingerichtet, die mit Sonnenwärme und Biogas (aus tierischen Exkrementen gewonnenes Gas) Strom produzieren; für den Feldbau werden eine sparsame Bewässerungstechnik und widerstandsfähiges Saatgut zur Verfügung gestellt; oder man entwickelt ein dörfliches Kreditsystem, so dass den Bauern Geld zu niedrigen Zinsen geliehen wird, damit sie investieren und sich aus der Armut befreien können. Es gibt so viele Wege, dafür zu sorgen, dass die Landbevölkerung ihre Zukunft selbst in die Hände nehmen kann.

– In Frankreich wie in anderen Ländern werden in zahlreichen Initiativen Naturschutzfragen mit Lösungen für soziale Probleme verknüpft; ein Beispiel: Bürgervereine kaufen oder pachten landwirtschaftliche Flächen, auf denen sie biologische Gemüsegärten anlegen; die Ernte wird Woche für Woche an Abonnenten der »Grüne Kiste« verkauft; umgeschulte ehemalige Arbeitslose sind die Gärtner. Dieses Modell ist menschenfreundlich, schont die Umwelt und nützt auch noch den Verbrauchern – eine gelungene Mischung!

Christiania, Kopenhagen, Dänemark

WASSERRESERVEN

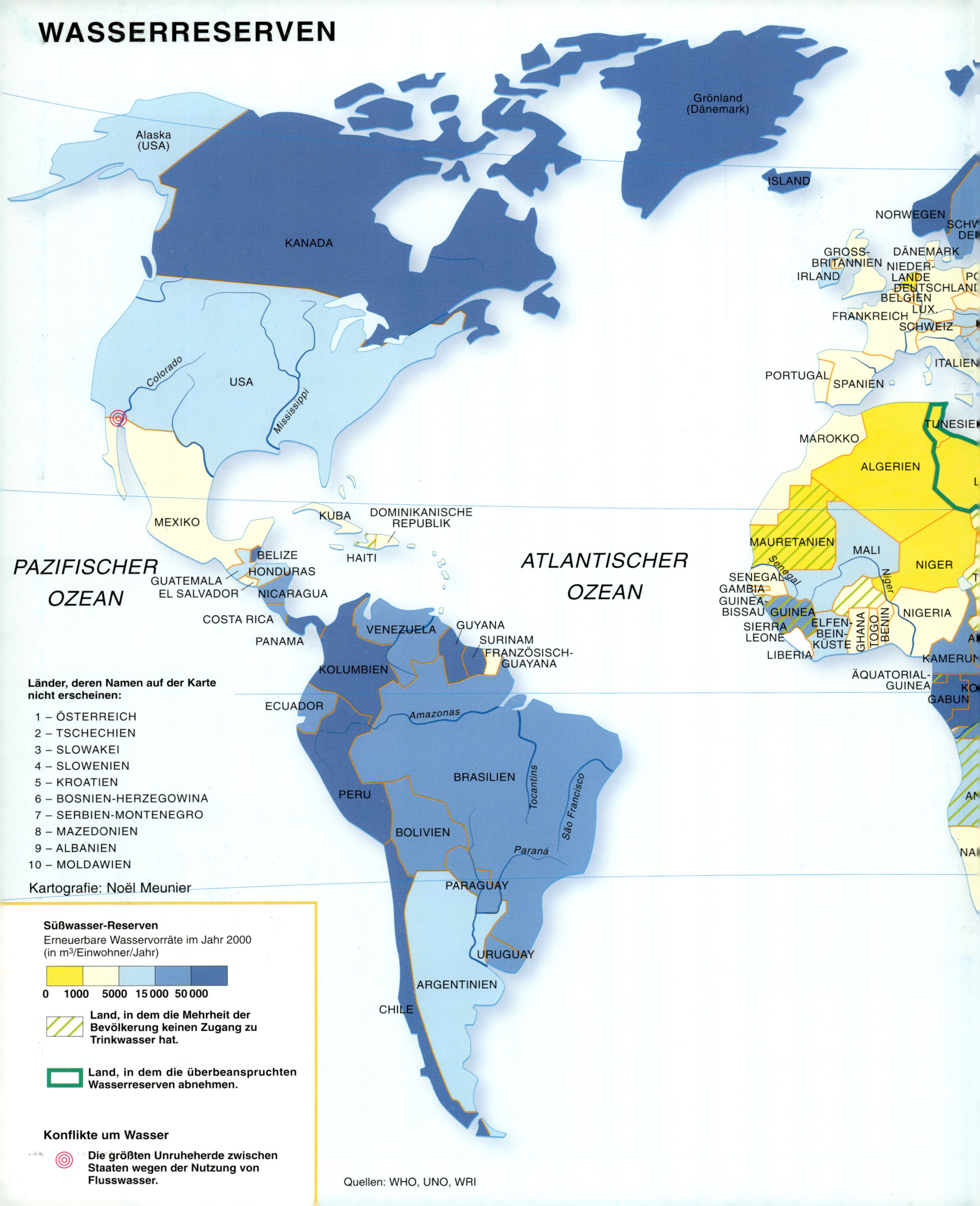

Grönland (Dänemark)
Alaska (USA)
ISLAND
NORWEGEN
KANADA
GROSS-BRITANNIEN
DÄNEMARK
IRLAND
NIEDERLANDE
DEUTSCHLAND
BELGIEN
LUX.
FRANKREICH
SCHWEIZ
Colorado
USA
PORTUGAL
SPANIEN
ITALIEN
Mississippi
TUNESIEN
MAROKKO
ALGERIEN
MEXIKO
KUBA
DOMINIKANISCHE REPUBLIK
MAURETANIEN
MALI
NIGER
BELIZE
HAITI
SENEGAL
GUATEMALA HONDURAS
ATLANTISCHER OZEAN
GAMBIA
PAZIFISCHER OZEAN
EL SALVADOR
NICARAGUA
GUINEA-BISSAU
GUINEA
NIGERIA
COSTA RICA
SIERRA LEONE
ELFENBEINKÜSTE
GHANA TOGO BENIN
PANAMA
VENEZUELA
GUYANA
SURINAM
FRANZÖSISCH-GUAYANA
LIBERIA
KAMERUN
ÄQUATORIAL-GUINEA
KOLUMBIEN
GABUN
ECUADOR
Amazonas

Länder, deren Namen auf der Karte nicht erscheinen:

1 – ÖSTERREICH
2 – TSCHECHIEN
3 – SLOWAKEI
4 – SLOWENIEN
5 – KROATIEN
6 – BOSNIEN-HERZEGOWINA
7 – SERBIEN-MONTENEGRO
8 – MAZEDONIEN
9 – ALBANIEN
10 – MOLDAWIEN

PERU
BRASILIEN
Tocantins
São Francisco
BOLIVIEN
Paraná
PARAGUAY

Kartografie: Noël Meunier

URUGUAY
ARGENTINIEN
CHILE

Süßwasser-Reserven
Erneuerbare Wasservorräte im Jahr 2000
(in m³/Einwohner/Jahr)

0   1000   5000   15 000   50 000

▨ Land, in dem die Mehrheit der Bevölkerung keinen Zugang zu Trinkwasser hat.

▭ Land, in dem die überbeanspruchten Wasserreserven abnehmen.

Konflikte um Wasser

◉ Die größten Unruheherde zwischen Staaten wegen der Nutzung von Flusswasser.

Quellen: WHO, UNO, WRI